JN258148

地方国立大学

一学長の約束と挑戦

和歌山大学が学生、卒業生、地域への
「生涯応援宣言」をした理由《わけ》

山本健慈＝編著

もくじ

地方国立大学　一学長の約束と挑戦

和歌山大学が学生、卒業生、地域への「生涯応援宣言」をした理由《わけ》

第2章　ダメな親でもいいじゃないか

写真提供：和歌山大学・アトム共同保育園

プロローグ

「ダメな人間、未熟な学長」の挑戦の記録

このプロローグを書いている途中、昨年（２０１４年）12月14日の衆議院議員総選挙のことが頭をよぎりました。

平均投票率が52・66％と戦後最低を記録し、とりわけ20歳代の若者は37・89％と、惨憺たるものだったことに関連して、「紙1枚の投票用紙を書くことで、世の中が変わる、変えられるということをきちんと理解するには社会の仕組みについての相当高度な能力がないとダメなのかな」という思いでした。

そしてまた、私たち大人は、教育は、そのことをしっかりと子ども・学生に語り、実践を通して見せてきただろうかという反省でした。

いま改めて私たちの世代が、自分たちの課題、現代の課題の解決のために闘っていることを見

せなければ、伝えなければという思いを強くし、この本を若者たちと、思いを共有する方たちに読んでいただきたい、と考えたのでした。

試行錯誤の過程を公開

和歌山大学学長として6年、時間の経過とともにはっきりしてきたのは、経済界や財務省・経済産業省など政府が、時代への対応を焦るばかりに、大学・学術を理解せず、乱暴な議論をするようになったことです。アカデミズムと人が育つプロセスである教育に全く敬意を払わず、リスペクト（尊敬）をもたなくなっているようにも思われます。

そんななかでは当然、大学・学術を所管してきた文部科学省は、内心は「自分たちの本質的な考えとは違う」との思いを抱き、反発する気持ちをもちながら力負けしているという構図ができているように思われます。

2003年7月に成立した6年間を総括するような本を出す気はなかったのです。しかし、このように大学が政策的財政的に追い詰められ、また責められ、縛られて、いよいよ大変なことになるなかで、ここにきてあちこちの大学で「学長の引き受け手がない」といった声も聞こえてくるようになりました。そんな状況を見聞きするにつけ、私のような浅学非才なものでも、「6年間やれました」という実践の記録、ドキュメントを残しておけば、何かの役に立つのではないか、と考えたのです。もともと国立大学法人法のもとでの国立大学経営は、ようやく10年を経たところにすぎません。いろいろな国立大学、いろんな学長が試行錯誤をしてきたと思います。その過程を公開し、これを共有していただくことで、学生時代から48年間、お世話になった国立大学と日本社会にいくばくかの恩返しができればと思っています。

ただ、いま思うことは、この20年余、私が子育て支援というテーマで関与してきた、子育てに苦悩する母親たち、子育て支援の実践で悩む保育士、保健師等専門職に、「ダメな親、未熟な専門職でいいじゃないか」と伝えてきたことが、私自身を学長という重荷から救ってくれたと思います。その意味でこの記録は、「ダメな人間、未熟な学長」の挑戦の記録なのです。

「育て直す」ということ

私は教育学者で、成人の教育を主体とした社会教育・生涯学習の研究と実践に取り組んできました。加えて、たまたまわが子の子育てのなかで出会った保育所、保育園の運営に関係してきました。もちろん教育学者ですので、当然のこと、学校教育の実践、制度もずっとカバーしてきました。

国立総合大学の学長で教育学者というのは珍しいといわれてきました。私のように、学生を、彼らが積み重ねてきた人生のプロセスを、教育学的に、また教育制度の展開と重ね合わせて見るような学長は少ないと思います。

　どういうことかといいますと、私は、「育てられたプロセスの結果」としての学生、若者を見ているということです。よくある「今の学生に意欲がない」といった話になった場合、私は教育制度がどういうふうに動いてきたか、その中で子どもたちがどう扱われてきたかをフォローする立場にあるので、現在いる彼らはその結果としての人間であって、本人の資質の問題だけではないということを強く考えるのです。

　これに対して、プロセスの洞察抜きに結果としての学生だけを見ている大学関係者の議論は、ほとんど入試制度の改革に集中しているように思われます。入試のあり方を変えることで、質のいい入学生を確保したい、入試制度を改善したら、大学までの教育の在り方がよくなるのではないか、といった話になりがちです。現在の中央教育審議会などでの入試改革の議論でも、学習意欲を測ることによって、学習意欲の高い入学生を選抜しようといった話が出ているけれど、残念ながら日本の子どもは上の学校に進むほど学習意欲を保ち続けるのが難しくなっているのです。大部分は学習から逃亡、ドロップアウトし、嫌気がさしているのです。

　つまり、入試制度は大切だけれども、この改革に割く膨大なエネルギーと資源を考えると、社会と大学は、そのエネルギーと資源を、受け入れた学生を「育て直す」ことに注力する必要があるのではないか。だから、「和歌山大学は、生涯あなたの人生を応援します」というメッセージを発信したのです。これまで育ってきた人生の積み残しも含めて、正真正銘、生涯を応援すると社会に約束したのです。これが私たちの出発点です。

この6年間、私たちはいろいろな改革をしてきましたが、大学ではトップの会議でも現場の会議でも、とにかくどの会議でも、学生の実情や学生との関係で今なにが起きているかを会議の中心的なテーマにしながら進められるようになったのです。それを6年間貫いてきました。

集団の知恵と実行力を引き出して「未来への財産」を築く

２０１４年12月9日に新しい図書館増設の竣工セレモニーがありました。和歌山大学改革の出発点のひとつとなったのが図書館だっただけに、学長就任前の出来事など思い起こしながらの挨拶となりました。

国立大学は２００４年から法人化されたのですが、「国立大学を競わせる」というのが国のメッセージでした。この法人化第1期の学長はみんな「競争資金を取ろう」と前のめりになって、明確なミッションや経営戦略というか、大学という船の確かな航海図をもたないまま船長（学長）が走り出したのです。そのなかで教職員が疲弊していく状況を目の当たりにしました。そんな時、07年に私は副学長になり、約１５０人いる全職員のミーティングを、10グループほどに分けてやったのです。

そこで私が言ったのは「財政は縮減されるし、定数削減で人が減らされる一方で仕事は増えるばかりだ。こういう事態に対応するためにはお互い協力していくことが重要であり、日々の奮闘をみんなの財産として共有して問題を解決しなければならない。そのために悩みや、組織や同僚への恨みつらみも含めてすべて出してほしい」ということでした。

その時の取り組みの経験と集まった膨大な情報が、その後、学長となった時の貴重な財産になったのです。解決しなければならない課題、取り組むべきテーマになったのです。その中に図書館もありました。詳しくは第1章で紹介していますが、大学にとって大変な知的財産である図書館が瀕死の状態に陥っていたのです。大学の経営、大学改革、教育改革の中心に図書館を据えるというやり方が斬新だったこともあって、かなりの額の国の補助金も付き、結果として大規模な図書館増設ができました。それをやり遂げた現場の人たちは本当に大変だったと思います。

いずれにしても、「学生を中心に、学生の現状から出発する」という一貫した姿勢での取り組みが生んだ成果であることは間違いありません。

つくづく思うことは、学長一人が見ることのできる世界はじつに限られているのですが、大学の最前線で行われていることはすべて価値のあることで、教員にしろ、職員にしろ、また学生たちがやっていることをリスペクトし、それを共有する。ある意味そこで起こっているトラブルも含めて「未来への財産」なのだと思うのです。ですから、会議やヒアリングなどいろいろな場をつくっては、「みなさんのやっていることは大変意義あることなのです」と繰り返し、繰り返しメッセージを送っています。

これがある意味、教職員も含めて「あなたの生涯を応援する」ということなのです。非常にきびしい働く環境のもとで、学生たちに立ち向かっている、あるいは地域に立ち向かっている教職員の仕事に対するリスペクトを伝え、評価する、それが学長の仕事、役割なのです。学長のリーダーシップといっても学長一人が見える範囲は限られています。

だから、教職員によって集められ、まとめられたさまざまな情報の中から「これが私たちの和歌山大学のミッション（社会的使命・社会との約束）だ」と言えるものを組み立て、実践する。これは集団の知恵と実行する力がなければできないことで、そういう現場の取り組みが私の目に、耳に入ってくるようなシステムをつくることが学長の仕事、役割だと考えてやってきました。

乱暴、無定見な潮流に抗して

しかし、２０１６年4月からはじまる国立大学法人の第3期（国立大学法人の運営は6年刻みになっています）に向けた政府などの議論を見ていると、国立大学を取り巻く状況がより厳しくなることは間違いないだけに心配です。大学にかかわる議論は、政府のいろんな審議会等でされていますが、なかには大学を差別化・類型化して「末端レベルは職業訓練校にすればいい」といった乱暴な案を提示する経済界の代表もいて、国立大学のみならず日本の将来の高等教育の行方を危惧するところです。

高等教育全体をどうデザインするかという議論のないままに、国家財政上の要請、産業界の要請等、一つひとつは切実な根拠があるとしても、それらが高等教育の歴史や現状と接合され、高等教育政策として統合されることなしに、制度改革、財政誘導がなされていっている。全体としても見て、乱暴、無定見きわまりない事態だと思います。

こうした事態は、近年多くの補助金が投入されている「グローバル人材養成」とか「地域貢献」などの領域で大学内部に生じていることが、よく示しています。「グローバル人材」でいえば、つい最近SGU（スーパー・グローバル・ユニバーシティ）として、巨額の補助金が出される大学が選定されました。実態を聞いてみるとすごいことです。あと数カ月の年度内に数億円を使わないといけない。またCOC（センター・オブ・コミュニティ）という補助金も、国公私を超えて選定された大学に出されています。これらは、補助金の誘導に沿って申請書を出した大学が採択されたのですが、いざ実施しようとすると経験もなく、スタッフもなく、どうしていいかわからないということで、長い実績のある、しかしCOC補助金にはこれまで採択されていない和歌山大学に相談に来られる大学も少なくありません（本学は、こうした実務に携わる〈大学と地域を繋ぐコーディネーター研修交流集会〉を過去3年間主催してきたが、国公私を超えた50大

学ぐらいの参加がある)。
どうしてこうなるかというと、「国際化」といい、「地域貢献」という領域は、学部教育を中心に組織体制を編成してきた日本の大学では、位置づいていないのです。しかし、本学もそうですが、時代の変化に対応していくことは重要だということで、従来維持してきた組織体制のなかから予算や人員を削り取って、新しい分野の専門家を雇うということをやってきたのです。しかも財政事情が不安定な

ため、正規雇用では財政が破綻するので、不安定な身分の期限付き雇用の教職員がどんどん増えているのです。今、大学の現場はこういう悪循環に陥っているのです。大学にとって新しい領域を若い教職員が不安定身分のなかで支えているのです。

例えば、和歌山大学の「アセアンプログラム」では毎年3週間ほど、約20人の学生をタイに派遣していて、詳しくは後述しますが、これまでに60～70人が現地生活を体験しています。このプログラムを体験した学生たちは大きな刺激を受け、人間が変わったようにアクティブになっています。そんな素晴らしいプログラムの担当者が、みんな期限付き教職員なのです。

和歌山大学は地域での拠点となるサテライト施設を県南の田辺市と大阪府・岸和田市にもっていて地元から高い評価を得ていますが、事情は同じです。地域のニーズに応える教育プログラムを考え、実行しているのは、やはり期限付き雇用の若い研究者と職員なのです。先日も、これらの職員の5年間という任期が切れるということで、サテライトでの受講者や住民の方から、継続的安定的な雇用にしてほしいという700筆の署名をもらいました。

私は、「このように多くの方に支持されていることは、当人にとっても、大学にとっても誇らしいことです。しかし予算の動向が縮減ではなくて激減も予測される今、わかりましたとはいえないのです。大学としても考えますが、皆さん方も住民として何ができるか、自治体も参加する共同事業にできないかなど考えていただきたい」と正直に伝えました。

私の任期の最後（２０１５年３月末）までには、少しは正職員化できる方向ですが、まだまだたくさんの人が大学では不安定身分で働いているということを知ってほしいのです。

地方国立大学を壊死させてはならない

いま２０１６年４月からはじまる第３期の６年間の国立大学法人への運営交付金の配分方針の議論が大詰めです。２０１５年の夏から12月にかけて行われる２０１６年度政府予算編成を睨んでのことです。首相官邸、財務省、経産省、文科省それぞれのサイドで行われています。国立大学協会でも私を含めてワーキンググループが作られ、この問題の対応にあたっています。政府サイドの案は、運営交付金の基盤的経費を３割カットして、その財源で、改革を促進誘導しようというストーリーです。財務省は、「３割を取りあげるわけではない。それを資源に学長さんのリーダーシップで改革してください。それで高い評価が出れば、もっと増やします」と、なかなか上手な説明をしています。つまり、逆にいうと学長のリーダーシップでの改革の実績が生まれていないと判断すると、もっと予算を減らし、いっそ退場してもらいますよということでしょう。

でも「３割は、学長さんが使い勝手のいい予算として返すのですよ」といわれても、もともと法人化の出発点となる国立大学の財政構造が、学部・大学院教育に当たる教職員の雇用とその事業費だけで構成されてきたわけですから、返してもらっても本来の教育を中心とする事業が行えるだけで、改革の原資とはならないのです。そこで、「3割戻しても大改革をしていない」という評価で、そんな大学は退場してもらいますということに追い込まれていくと思います。まさに地方国立大学は「壊死」してしまうと思います。

もともと東京を中心とした経済界からは、かねてから「とにかく国立大学が多すぎる」「それを護送船団方式で守っている文科省もけしからん」といった声があり、官邸・財務省、経産省等の大学改革プランは、それを受けてのことです。一方、地方の経済界からは、「東京中心の経団連の意見は、日本全体の経済界の意見ではない。彼らは、企業利益のためには東京一極集中でもいいと思っている。しかし地方創生というならば、地元国立大学を抜きにして考えられない」と冷静な批判の声が生まれつつあることを、地方国立大学長は、みな実感していると思います。

こうした地域の切実な期待を受けとめて、今後少なくとも30年、40年は和歌山大学が持続できる方向を、学長在任中考えてきました。日本社会は縮小していますから、大学も縮小モードを前提にして、2014年9月末の評議会では、最大約330人いた教員を第3期（22年3月）末までに240人に削減することで合意しました。しかしいま、政府サイドの案で行けば、運営費交付金がもっと目減りすることになります。学内からは、一人当たりの給与を下げても教職員数を確保し、しっかり教育研究をする体制を維持しましょうという意見も出されるほどです。経営者層はもとより、一般教職員のなかでも、そうした覚悟が生まれてきています。

ここに至ると、当然のこと、高等教育に関して政治と国民の認識が変わらなかったら、大学に財政支出するような状況判断は出てこないわけです。だから、この問題を克服するためには、高等教育をめぐる新しい社会運動の構想が求められていると思います。

私立大学との連携・協働も大きな課題

大学の問題を考える時、私には慙愧《ざんき》の思いがあります。日本には国立86校、公立86校、私立603校の計775校の4年制大学があります（2014年5月現在）が、国にも当の大学にも、この数のバランスや関係をどうするか、という考えも政策も全くないのです。日本の大学、高等教育を量として支えてきたのが私学ということは明白です。その私学は保護者の大きな家計負担によって支えられています。この点について、私の38年間を振り返ると、私学の苦労や、それを支えてきた保護者負担について、視野の外に置いて（自分たちのいる大学がすべてのように思っていたわけではなかったけれど）やってきたことに、深く恥じ入り、反省の思いがあります。

政治も文科省も、大学全体を統合的にマネジメントする政策を打ち出す力を失っていると思います。さきほど「高等教育をめぐる新しい社会運動」といいましたが、今後この問題、大学の課題に取り組むことが大学関係者の責務だと思います。とくに経営という立場を経験した私のようなものの責務ではないかと思います。これについては、第3章の大東文化大学学長の太田政男先生との対談の中で、少し具体的にお話ししていますが、私立大学を含めた日本の高等教育を発展させる実践に、どう連携と協働して取り組んでいくか、です。
そうした取り組みに、この本が役に立てばうれしいかぎりです。

アクティブになった学生が起こす「運動」が広げる可能性

学生たちと付き合うなかで思ったことは、世の中が本当に見えにくくなっているということです。学生たちにそれを乗り越えてもらおうと立ちあげたのが、先のタイへの学生派遣を含むアセアンプログラムです。国際交流・男女共同参画担当の理事・副学長（非常勤）になっていただいた帯野久美子さん（関西経済同友会常任幹事であり、国際会議の設営などをしている会社の代表）に「とにかく、日本だけが世界ではないということを見せてやってください」とお願いしてスタートできたのです。

世界には、日本では見えにくい貧困もあるし、どこから手を付けていいかわからないような開発問題もある。戦争や紛争も絶えない。そういう現場を学生に経験させてはどうか。日本にいて本を読んだり、解説を聞くだけでは、自分を必要とする課題、人生のテーマが見えない、見つけられないのではないか思われたのです。私たちが育った1950～60年代の日本にはまだ貧困も身近にあり、それが見えたし、戦争も見えていた。それを見て、心が動いたことに対して自分が

何をやるかが常に頭にあったのです。
そんな自分の経験と重ねてみて、学生たちが世界を見れば、自分が経験していることは世界のほんの一部で、自分がやることはいっぱいあると気がつくだろう、と考えたのです。それでタイのプログラムが始まったのです。タイは比較的安定しているが貧困も格差問題もあり、隣国との国境地帯での厳しい状況もある。そこに毎年20人くらいが3週間出かけています。参加した彼らは変わりました。「1学年千人のうち20人くらい行ってもどうなるんだ」といった意見もありましたが、私には、毎年20人をずっと続ければ、彼らは、ひとつのうねり、アクション（「運動」）を起こすだろうと確信していました。そして、そのようになっています。彼らは今、サークル

を作って自分たちでタイと直接交流を始めているし、日本国内各地の小・中学校に出かけて行って、自分たちの経験を子どもたちにプレゼンテーションしているのです。さまざまな新しい取り組みの輪が広がっているのです。

タイだけではありません。山が多く、海岸線の長い和歌山県には過疎地域も多くあります。教員がたまたま学生たちをそこに連れて行ったことから、学ぶ意欲のなかった学生、いわゆる「帰宅部」といわれ、家と大学の往復だけの世界にいた学生たちも大きく変わったのです。日々、過疎地の厳しい生活の中で格闘しているおじいさん、おばあさんたちの真剣な姿を見て刺激を受けて、自分のテーマを発見、ということも起きています。

先を行く世代は自分たちの責任の自覚と行動を

彼らは、よく「ゆとり教育世代」といわれてきた学生です。「ものを知らない」「学力が低い」「指示待ちであり、積極性・リーダーシップに欠ける」などなどと。

教育学者としての認識をいうならば、こうした「ゆとり世代」としてひとくくりにした批判は、若者世代への正当な評価を欠くだけではなく、この間の教育改革過程を、「ゆとり教育」という単純かつ正確さを欠く表現によって、その改革の事実と社会的な人間形成過程の問題の正当な吟味をも見失わせる乱暴な議論にすぎません。

しかし、さきのエピソードでみるように、実際、彼女彼らが、通俗的な批判を超えるアクティブな活動を展開しているのです。

若者たちに重要なことは、とにかく自分がおかしいと気づいたことを調べて確かめたり、やりたいと思ったことをやることなのです。その時に、大人がどう評価するかなど考えて躊躇するのではなく、やり抜く。そういう若者たちが育つよう励ましてきたのですが、これからも、いっそう大切なことだと思います。

翻ってみれば、私たちも上の世代からあれこれ言われ、またそれをしのぎながらやってきたわけで、年配世代が、自分たちの時代感覚で若者を圧迫するようなことは慎むべきことなのです。先を行く世代は若者に勝手な注文をつけるのではなく、自分たち世代の課題を自覚し、その解決のために闘っている姿を見せる必要があるのではないでしょうか。

それをわが身に置き換えると、おかしい、理不尽だと思う政策に対しては、従属することなく思慮深く対応し、学生や地域の方々と共に、望ましい方向が実現できるよう闘うことだと思っています。

そういう姿を示すことを抜きに、責任ある市民は育たないのだと思います。若者たちの心を掴むこともできないのです。

第1章

地域から世界を見通し、地域で育て、世界に発信

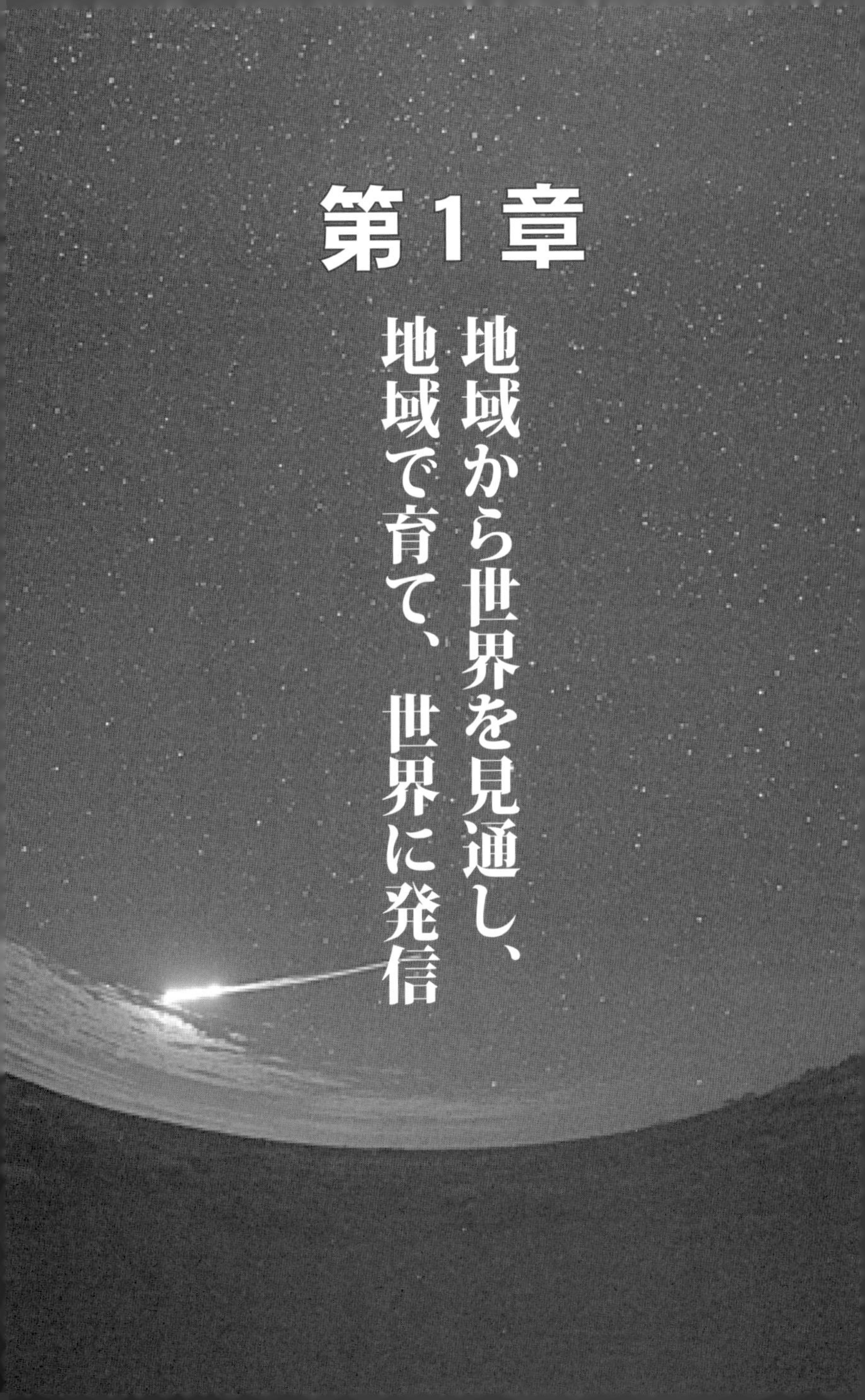

和歌山経済同友会例会・記念講演（２０１０年10月25日）

ヒトを人として育てる子育て・教育・社会を

ヒトという厄介な動物の成長と苦悩する地域の発展という〝壮大な事業〟を支え抜くのが大学の役割

私は山口県の生まれですが、実家は代々滋賀県です。学長に就任したときに文部科学省から新聞発表用資料の内容について照会があり、滋賀県出身と書いてありましたが、山口県出身と書き直してもらいました。それは小さい頃は吉田松陰などについて、たくさん教えられた記憶があり、そのことが今日の私の考え方なり態度なりに大きな影響を与えていると考えているからです。そして、縁があって和歌山県に来ています。

和歌山大学の歴史と事情

大学発展の鍵は「人と地域を支え、人と地域に支えられ」

ここでは４つのことを述べさせていただきます。

まず和歌山大学の学長として、「最近の和歌山大学の事情」について、次に、和歌山大学の学生たちや教育のことを頭におきながら「ヒトを人間として育てる」という意味や、その意味から「大学が果たす役割」について、そして最後に皆さまと共に「ヒトが人間となる社会へ」ということを考えたいと思っています。

「ヒト」をカタカナで書いたのは、動物としての「ヒト」について深く注目する必要があるのではないかと考えているからです。

人間はそもそも「ヒト科ヒト属」に分類される動物・哺乳類です。その「ヒト」というものの動物性について、私たちはもっと着目する必要があります。それも、「ヒト」という厄介な動物について、です。

私は、山口県で生まれましたが、高校時代を滋賀県で過ごし京都で学生時代を終えまして、

1977（昭和52）年に和歌山大学に参りましたので、もう34年間、和歌山で仕事をさせていただいていることになります。

実は私は1988（昭和63）年まで和歌山市内に住んでいたのです。ところが、共働きをすることになり、そのために必要な子育てなどの生活条件を考えると、当時の和歌山市内には全く、その条件が備わっていなかったので、やむなく大阪に移りました。

当時は仮谷志良さんが知事で、数人で仮谷さんとお話しする機会があり、「和歌山県に住んでいると全然共働きで暮らせないので、大阪に移ることにしました」と言うと、知事は苦笑しておられました。

当然ですが、どこに住むかという選択は、子育て、教育などが極めて大きな要因となるわけです。そんな事情で大阪府南部の熊取町に引っ越しまして、今もそこを中心に暮らしています。移り住んだ熊取町で、無認可つまり住民の人たちが共同事業として行っているアトム共同保育所に、たまたま子どもを入れました。その縁でこの無認可保育所の運営に携わり、今では社会福祉法人アトム共同保育園の運営に携わっております。

私の場合、世間的には和歌山大学のふつうの教員なのですが、保育所の運営に責任をもって携わっている教員というか研究者としては、非常に珍しいケースだと思います。その関係で厚生労働省とか文部科学省の仕事をする機会があるのですが、それは研究者としてではなくて、この貧しい保育所を非常にユニークで現代的意味をもった保育所に仕立て上げた一員である、ということに注目していただいていると自負しています。

保育といった場合、一般に子どもが焦点になるのですが、私の場合、あるいはアトム共同保育園の場合、子どもだけの保育所ではなく、親やそこで働く保育士の人生も支援することが非常に大きなテーマになっています。

また、人間に関わる様々な問題は特にニュータウンというものが形成されて以降生じていて、この間、日本の家族・地域をめぐる状況は壮絶な変化を遂げている、というのが社会科学の観察です。

そして私は、そのニュータウンで如何にまちづくりを行うかについての基本的な方向が、まだ日本社会では定まっていないと理解しています。

熊取町にもニュータウンはいくつかありますが、私たちは保育園の経験から「ニュータウンまちづくり支援型保育園」を提案し、２００３（平成15）年には無認可共同保育所を社会福祉法人アトム共同保育園として開園し、２０１２（平成24）年には熊取町最後のニュータウンでも新しい保育園を開園します（２０１２年４月つばさ共同保育園開園）。

興味のある方はホームページ等をご覧ください。

http://www.atomfukushikai.net/atom/
http://www.atomfukushikai.net/tsubasa/

宇宙教育研究所のスクープ映像のこと

さて、和歌山大学の話題といいますと、小惑星探査機「はやぶさ」が地球に帰還した時（２０１０年6月13日）の映像を和歌山大学のチームがスクープ撮影したことで、世界中に知られることとなりました。多くのメディアで「来た、来た、来たぁ」と、チームリーダーで天文観光教育というユニークな分野の研究者の尾久土正己教授が叫んでいる映像がよく紹介されています。この帰還を唯一、撮影したのが和歌山大学です。当時、ＮＨＫも和歌山大学のチームのすぐそばにいたということですが、ＮＨＫはワールドカップの映像に集中していて、現地でのスタッフ整備をやっていなかったため、和歌山大学だけが撮ることができたということです。

当日の生中継には約63万人がアクセスし、夜の録画中継にも約54万人のアクセスと、ひとつのインターネットの記録だと聞いています。このチームは、和歌山大学宇宙教育研究所に属しているのですが、こんな研究所が和歌山大学にあるというのも奇妙なことといいますか、不思議に思われるのではないでしょうか。この謎解きも後にしますが、和歌山大学の発展の鍵を私がどう考えているかを述べます。

キャンパス内には地域との協働で完成した宇宙アンテナも

和歌山大学の歴史は、学芸学部（現在の教育学部）と経済学部の２学部構成で、１９４９（昭和24）年に発足しました。49年は新制大学ができた年で、全国各地の国立大学と一緒にできたわけです。その時、和歌山県は農林業が盛んなのに、和歌山大学には農学部はつくられませんでした。なぜか戦前から、農業や林業にかかわる高等教育機関を和歌山県はもち得なかったのです。そのマイナス面が今日も引き継がれているように思います。

これはもちろん、日本の高等教育政策のなかで生じたことで、和歌山県だけの責任ではないのですが、今日考えますと農や林にかかわる研究組織が和歌山大学にないのはとても残念です。

しかし、戦前の師範、そして引き継いだ教育学部は教員養成として伝統ある学部ですし、和歌山高商は1922（大正11）年にできて、全国の高商のなかでも非常にユニークで、素晴らしい業績を上げていました。この和歌山高商の設立者・初代校長は岡本一郎さんですが、この岡本さんは私と生まれた所（山口県玖珂町、現在の岩国市）が一緒です。私は和歌山大学に就職した時に玖珂を訪ねたのですが、その折に和歌山大学（の経済学部）をつくった最初の人が岡本さんであると聞いたのです。

岡本さんは後に山口高商の校長に移られるのですけれど、学生からはたいへん慕われたようで、卒業生たちは著名な彫刻家、保田龍門さん（元和歌山大学教育学部教授）にお願いして胸像をつくり、構内に設置したのです。この胸像は、現在も市内西高松にある和歌山大学松下会館の庭に設置されています。

経済学部の卒業生は今日も誇り高く、いろいろな分野と場所で仕事をしていますが、その伝統は、時代に捉われない非常にリベラルなもので、たんに利益とか商業の実務というだけではなく深い教養をもった人材を育てるところにあったことがうかがえます。

こうして2学部体制で約50年近くやってきたのですが、地元の大きなご支援のもと、1995（平成7）年に第3の学部、システム工学部を開設しました。国立大学最後の学部新設です。

また、2004（平成16）年には国立大学の運営が法人化されましたが、法人化後初めての学部設置が実は和歌山大学観光学部です（2008年）。日本の大学史上、国立大学としての最後と法人化後最初の学部設置というエピソードを和歌山大学はもつことになりました。

めざすは「学生の生涯を支援する大学」

和歌山大学が法人化されてひとつの独立した経営体として事業を行わなくてはならないことになり、6年間の中期目標・中期計画を設定して運営しており、2010年の4月からは第2期6年間が始まました。

以下、第2期の中期目標・計画の概要を説明します。

和歌山大学は「地域を支え、地域に支えられる大学」でありたいと思っています。それは和歌山という地域が持続可能な社会であることを支える大学でありたいということです。

そのための目標を3つ掲げていて、ひとつ目は学生をどのように育てるかということです。「青年期に至る人間形成上の諸課題を深く認識する」、その上で教育にあたるということを重視しています。学生たちは、大学に入る前の生活や学びにおいて大きな問題をもっていたと考えられます。企業にも若い社員がおられるでしょうし、また、中年層にも様々な様相をもった方がおられるはずですが、その方たちも含めて、この青年期に至る人間形成上の諸課題という問題は、たんに企業でどう役に立つか、問題であるかといったことだけではなく、おそらく、この社会をどう動かしていくかという点で非常に大きなキーワードだと、私は考えています。

2つ目は研究をどのように進め、どのように貢献するかということです。つまり、和歌山から日本と世界の発展に寄与するという志です。

3つ目には大学内部の経営手法ですが、教員の多様な問題関心を尊重する、職員の主体的な働きを激励するということを重視し、教員・職員・学生三者の相互の信頼関係で大学を創るということを目指しています。

実は、国立大学法人第1期の6年間（2004年度～2009年度）というのは、初めて設計された制度での経営であり、たいへんな苦労がありました。和歌山大学だけではなく、各大学で、「競争での勝ち残りだ」「学長のリーダーシップで引っ張っていかなければ」と、かなり前のめりで経営していて、大学内部での混乱など様々な矛盾や問題点が生じました。その反省をふまえて、第2期の経営目標・計画などは作成されています。

この3つの目標に関連して、もう少し詳しく述べますと、「子ども、学生の生涯の人生を支援する大学」にしましょうということです。2010年の入学案内のキャッチコピーは「生涯あなたの人生を応援します」です。この〈生涯〉という言葉には2つの意味を込めています。

学生たちの入学までの18年間の人生が〈生涯〉のひとつの側面です。つまり、入学までの彼らの人生をどのように考えるかということに思いを致さないと、大学の教育はできないということです。この問題については、日本の大学の頂点として位置づけられる東京大学も含めすべて同じような困難を抱えているのです。

このような状況を考えると、一人ひとりの青年の人生の幸せのために大学がどう支援するかは、切実な課題です。つまり、入学までの18年間をいかに過ごしてきて大学に入ったか、これまでの人生〈ひとつ目の生涯〉をふまえて支援することが必要です。

もうひとつの〈生涯〉は、卒業後の人生の側面です。卒業後は企業等にお願いするわけですが、ご存じのように入社3年間で新入社員の30％が離職するといわれています。卒業後、挫折したり、あるいは転換を図りたいという学生が随分大学にリターンしてきます。これも受け止めて、支援するシステムが必要であり、それがないと大学は社会にも貢献できないと受け止めています。

地域の苦悩を共有する大学

〈大学と地域〉の関係について少し説明します。和歌山大学は和歌山の地域の方々と〈地域の課題を共有し、共に苦悩し、その解決過程に参加する〉ことが必要と考えています。地域には様々な課題がありますが、本当に地域の方々が苦悩しておられる思いを共有しないと、私たち大学はお役に立てないのではないか、私たちが出来合いの知識、出来合いの研究成果で地域住民とお付き合いしても、到底住民の苦悩には応えられない、そうした切実で深刻な問題が地域にあると思っています。

ですから何ができるかよりも、まず和歌山の地域の苦悩を共有できる教員・職員を増やしたいと考えています。以上が和歌山大学の現状の概略です。

「ヒトを人間として育てる」ということ

キーワードは「群れ」と「トラブル」

「ヒトを人間として育てる」という本題に入ります。

ヒト中心に見ますと、ヒトは高等な動物だといいますが、なかなか厄介な存在です。例えば、子どもが親を殺したり、親が子どもを殺したり、死んでしまった親を放置するといったことが起きています。このような現象はほかの動物の世界ではほとんどないことです。人間、ないし非常に高等なサルの一部だけが同種で殺し合いをするのです。

私は「ヒトを人間として育てる」ためのキーワードとして「群れ」と「トラブル」の2つを重視しています。最近の若者は人間関係に大変弱いといわれます。現在の人間の育ちは「複雑な群れ」の生活を経験していません。つまり、ヒトという個性的で厄介な関係が常に展開する「群れ」

が、日常的にその「群れ」が存在しないなかで育ち、人間性が形成されていると捉えています。

したがって、最近の若者が、ひ弱なのは当たり前なのです。そもそも子どもたちの生活のなかにトラブルというものがあまりもち込まれない、あまり存在しない、そういう日々の蓄積で生きているわけですから、これはひ弱になるのは当たり前なのです。そうであれば、彼らの責任であるかのごとき言説や彼らを育てる家庭、父母の責任かのごとき言説は、歴史を見ない極めて浅い認識、あるいは先行世代の責任への無自覚の現れ、といえるでしょう。

ヒトは何によって自分の存在を自覚するか

トラブルが起こった時に、それが好奇心の対象になり、解決することによって自分の喜びが感じられるという局面は、今の子どもたち、あるいはこの数十年間の子どもたちには「経験できない世界」として常に存在しているということです。

人間関係に弱いのは「群れ」がないからであり、トラブルに弱いのは日々の生活においてトラブルを経験していないからだ、と私は考えます。そうすると何が必要かというと、彼らの育ちに私たちが「群れ」と「トラブル」を準備することが必要なのではないか、ということです。

人間は動物の「ヒト」として生まれるのですが、それは単に親の影響を受けただけでなく、もともとその個人あるいは人間の長い進化の歴史を背負った遺伝子をもつ個性的な動物として生まれるということが、まずひとつあります。

そのような幼い人が何によって自らの存在を自覚するかというと、同世代の人と交わるなか(すなわち「群れ」のなか)で自分とは違う欲望、自分とは違う物の感じ方をする「他者」という存在を知ることによって自覚するのです。なぜ同世代の人が必要かというと、幼い人にとって大人は非常に操作しやすいというか、自分のことを考えてくれる存在であり、対等なぶつかり合いや衝突が起きない存在なのに対して、同じ幼い人は、例えば赤ちゃんたちを並べておくと、本当に欲望の強い子、逆に欲望の非常に薄い子がいて、そこでいろいろなぶつかり合いがあり、自分とは違う存在・動物がいるということを自覚できるからです。

他者という存在に気づくことで、初めて自分という存在も意識できます。そして必然的に、自分という存在を伝えるコミュニケーションの方法が必要だということが自覚されてきます。

つまり、都合のいい大人ばかりに取り囲まれていると、可愛い子どもだと思い大人は寄ってたかって育てるのですが、これでは子どもはコミュニケーションする必要が全くないわけです。欲しいとか欲しくないとか、単純なコミュニケーションですべて終わってしまいます。そうなれば、コミュニケーションに必要な脳の発達に問題が生じるのは明白です。

その意味では「ヒトが人間になる」というプロセスは本当に長い歴史、同じような状況、環境を保持してきたのですが、この100年くらい、そこが急速に変わってきています。そのために、人間に非常に大きな変化が起こっていると考えてもいいのだと思います。

大学の役割と「ヒトが人間となる社会」の構想

自分たちで考えなければならない「マニュアルのない世界」への対応

さて、こうした一般的なお話をもとにして和歌山大学から見える風景は、どんな風景かということを少し述べます。

大学への入学の条件は入学試験に合格することがすべてで、それ以外のことは全く問うていません。入学試験に合格したから和歌山大学生になることができた、あるいは大学としては入学を許可したのです。

ところが入ってみますと、大学の教育システムは学生の自主性を前提にしたシステムになっており、彼らがいた18歳までの教育システムからみれば、大変不親切なものになっています。したがって、残念ながらそこから脱落するというか、ドロップアウトする学生たちが今日随分出ているということに、遅まきながら大学も気づきはじめたのです。

学長になって私が驚いたのは、学生の退学、休学申請の届け出数と、その内容です。それらを見て、一人ひとりの扱いを丁寧にしようということにしました。なぜ休学するのか、なぜ退学するのか、申請理由を、その学生の担当教員、職員に聞き取ってもらい、私にも詳しい中身がわかるようにしてもらいました。

学生たちは長い間の蓄積の結果として判断し退学、休学申請を出していますから、残念ながらそれを翻意させるのは困難です。しかし、彼らが発している情報は、大学のシステムだけの問題ではなく、今日の若者の幼少期からの育ち、保育園、幼稚園、小学校、中学校、高校、さらには予備校や塾の関係者も考えるべきことが含まれています。これらの情報を高校の先生方、それ以前の教育機関の方々、塾や予備校や親御さんとも共有し、どういう形の人生の育ちがいいのかをぜひ研究したいと考えています。

例えば、大変印象深いケースですが、北海道から来た学生は、もう勉強する気力がない、疲れきった、だから退学させて欲しいと書いていました。あるいは、九州の島から来た学生が、やはり、もう勉強に疲れた、勉強する気力がない、だから退学すると書いていたのです。

このように、既に入学するまでにエネルギーを失ってしまった学生も随分いるのです。また、他人と話ができない、わからないことを他人に聞くことができないといったこともあります。自己紹介ができない学生がいるというので、経済学部では入学直後に小集団クラスでの講義を開設し、そこでは自己紹介のためのポイントをまとめたシートを作成し、自己紹介はこういうふうにしましょう、こういうことをみんなで聞いてみましょう、といった取り組みをしています。

もちろん、彼らは名前や出身校とかは言えます。しかし、自分のことを深く考えたことがないので、自分はどんな人間でどんな思いをもっているか、といった自分の人物像を語ることができないのです。

このような学生生活のなかの問題には、当然、親御さんたちも気づきます。例えば、大学に行き渋っている、毎日大学に行くはずなのに行かない、行かないのはどうしてだろうと聞くと、友だちがいないとか、いろいろなことを言うのです。そうすると親御さんから大学に、友だちをつくってもらえないかという依頼があったり、一人暮らしができないので結局、親御さんが和歌山まで出て来て一緒に暮らすといったことも起きるのです。

これは、学生が悪い、親が悪いということではすみません。結局、彼らが自立するように、いろいろなプログラムを作って働きかけをしていく必要があるということです。

こうした現象を考えると、彼らの18歳までの人生のなかで彼らを取り巻く大人たちは、彼らの成績が大学に入る水準に達しているかということについては、おそらく関心をもって注視していたと思います。しかし、彼らがどれだけ人間として成熟しているかについては、恐らくあまり関心がなく、危惧することもなく放置されていたのではないかと思うのです。

そういうことを考えますと、ヒトが人間として発達し形成されていくうえには次のようなことが重要なのではないでしょうか。

それが「群れ」です。大人に管理されない時間・空間・人間関係があることが重要だということです。しかし現在の子どもたちは、ほとんど生まれた瞬間から大人に管理され、親は本当に注意深く見守ってくれています。多くの虐待のなかには見守り疲れ、見守ることに疲れた反作用として虐待してしまう、と理解されるようなケースもあるのではないでしょうか。

保育所・幼稚園に行きますと、これらの施設はほとんど管理空間になっています。かつては幼少期に経験したであろう、野山や田畑で子どもたちだけで自由に遊び回り、暴れ、けんかもするといった経験は今や全く不可能になっています。管理されているため、人間関係上のトラブルは、もちろんない、ということです。

そうすると、自分を知り、他者を知り、他者とコミュニケーションをとる能力は、ほとんど発達不全に陥るとみてよいかと思います。いろいろなトラブルを通して自分を知ることが心の成長に一番重要なのに、その機会をもてないと、自分は何が悲しくて、何が楽しくて、何が嬉しくて、何が苦しいかということについての自分自身の理解が非常に欠落してくるのです。自分の感情の動きとか、自分の人間的本性を表現しないために、その経験、そのなかでの自分自身についての理解が極端に乏しくなってしまうのです。

例えば、同じ状況下にあっても楽しいという子どももいれば、苦しいと感じる子もいます。それくらい人間は対極的になることがあるのに、そうなることが自覚できないとすると、「ヒトから人間へ」という成長のプロセスを私たちが作ってあげる必要があるのではないか、ということです。

「家出のできるまちづくり」への挑戦

親たちは子どもの未来について何を不安に感じているのか

このことと関連して、熊取町が２００９年「次世代育成支援対策地域行動計画」策定にあたって行った調査を紹介しましょう。小学校に入る前の段階の親御さんに、〈子どもの育ちで一番身につけさせたい力は〉と質問したところ、「人と関わる力」が圧倒的に多く、51・１％で、次いで「基本的な生活習慣」が、41・2%だったのです。大阪府は、橋下徹知事（当時）以降はとくに学力、学力と大変な圧力の渦中にありますが、そんななかで熊取町のお母さんたちは、しっかりとわが子をみていると思いました。というのは、その調査では小学校に入学してからの心配ごとも尋ねたのですが、「学力が一番大切」という人は11%でした。何が一番心配かというと、幼児に対するのと一緒の「人と関わる力」が、さらに多く59・4%で圧倒的に多かったのです（なお「基本的な生活習慣」は、23・9%）。

親たちが子どもの未来について何を不安に思っているかが、ここによく表現されていると思います。

それはなぜか、親世代が育った時代は企業の従業員、社員の方々の世代でもあるのですが、彼らの育つプロセスは非常に人間関係が複雑で、例えば、いじめが日常的な風景でした。そのため、いじめられた側に後遺症があると同時に、いじめた側にも、傍観した人たちにも非常に強い人間に対するおびえの感情を残しているのです。ですから、あまり人と深く付き合いたくない、深く付き合うと傷つくこともあるし、傷つけることもあるというおびえの感情は相当深刻です。

企業内部の人付き合いは、役割がはっきりしているのでマニュアルが作りやすく、深い付き合いはいらないという側面があります。ところが、若いお母さんたちで集まりますと、マニュアルがない世界ですから生の自分で対峙しないと付き合えません。

結局、マニュアルがないので自分で考えないといけない。そうすると、警戒とおびえが支配するということになるのです。

成長は「群れ」の中に身を置き、「トラブル」を経験することから

子どもが「群れ」をなしていて、自由に動ける空間があると、けんかがあったり、仲間はずれがあったり、といったことが起こります。これは恐らく、企業経営者の世代からすれば、親や先生が管理下で遊んでいたわけではありませんので、日常的な風景だったはずです。

しかし、ヒトという幼い動物は先に述べたように、欲望の塊で自己中心性、自分の欲望を実現するということで生きていますから、そのぶつかり合いがけんかになるのは動物としては普通のことなのです。そして、そこで初めて自分とは違う欲望をもち、自分とは違う理屈をもっている他者が存在するということが、本当に身にしみてわかるのです。対立する他者と出会うことによって、自分とは違う欲望や心の動きをする存在があるということを実感するのです。おわかりと思うのですが、この年代の子どもというのは理屈でわかるわけではないのです。こういう体験を経て初めてわかるのです。理屈ではなく、体験を経てわかるということが本当にわかるということなのです。

そうすると、安心してけんかをできる仲間とか、そのけんかを見守ってくれる大人がいないと、

これは成り立たないことなのです。

それを実践しているアトム共同保育園の園長などは、全国の保育士、幼稚園教員、保育園や幼稚園の経営者の研修に呼ばれて出かけるのですが、アトムの映像を見ると若い保育者さんたちが泣くのだそうです。なぜ泣くのか、それは、自分はこういうことが必要だと思うけど自分の保育園・幼稚園ではできない。きっと園長さんに叱られる、あるいは親からクレームがくるのでできないというのです。人間が成長するために、こういう経験を自分たちはさせてあげたいのにできない、といって泣くのです（アトム共同保育園については第2章で詳述）。

それは結局、子どもの「群れ」でのトラブルを見守ることの意味を理解できない大人たちが、子どもを取り巻いているからだ、といえるのだと思います。

これは先日も文部科学省に行った時に強調してきたことです。保育園は共働きの親のためにあり、幼稚園は学校に入るための準備のためにあるというのが一応制度の性格づけなのですが、私はそんな意味を超えて「ヒトが人間になる」ための最低条件としての「群れ」が存在する、というところに最大の意味を見いだしています。

つまり、親の庇護のもとにある数年間は、子どもは全く「群れ」は経験していないし、自分にとって都合のいい大人だけが相手をするという生活です。そのままでは、人間として育たないのは当たり前なのです。ですから、「群れ」の中に身を置かせることが、ヒトとして育てるためには最低条件であると考えています。

幼稚園・保育園どちらでもいいし、別の組織でもいいのですが、ヒトが人間になる最初の段階でこういう「群れ」が必要だと思っています。かつては、家にも地域にも兄弟姉妹が多かったので「子どもの群れ」があり、「大人の群れ」もありました。ところが今、子どもが少なくなっているので家族の中で子どもは一人か二人、そして核家族化していますから、家族の中に大人も少ない。ニュータウンという住宅環境にあっては隣近所に対する警戒感がありますから、お互い自由な行き来はないとなると、本当にあらゆる意味において、ヒトが生後の重要な時期に「人の群れ」を経験せず、あるいは人同士のトラブルを経験しない、つまり人間となるべき最低の条件を全くもたないまま成長し、大人になっているのです。幼い人にとってトラブルの意味はこれほど重要なのです。

「親を大人にする」ことが重要

問題はヒトを育てる大人になれるかということです。幼い人、つまり子どもは自己中心・個性的な存在であり、「群れ」の中ではトラブルが起こります。したがって、子どもにとっていつも快適な空間・時間があるとはいかないのです。トラブルで不快な経験をした子どもは家に帰って、何々ちゃんにいじめられたと、きっと親にその辛さを訴えるでしょう。

ここからが重要で、その時、親が過度にかわいそうだと感じ、保育園や幼稚園に苦情を言い、それが過激になるとモンスターペアレントなどという言葉が出てきます（私はこの言葉を使いませんが…）。非常に攻撃的になる場合があります。苦情を言われると、園長や保育士はそれに応えて、トラブルが起こらないように子どもを管理する。これが現在の一般的な対応パターンです。そうすると「群れ」での人間化のプロセスは全くなくなるのです。この大事な人間化のプロセスを奪われたまま、例えば学力だけを集中して育てようと思うと、人間の本質的な部分が欠落したまま、たんなる知識の量や情報の操作だけを覚えていくということに今、陥っているのでないでしょうか。

そこで「親を大人にする」ことが重要になります。アトム共同保育園の経験で言えば、本当に未成熟で心配事や苦情ばかりを言っていた親が、5年間子どもに「同伴」していくと立派な大人になっていくということです。

「同伴」というのは、次のような意味です。私は文部科学省の家庭教育支援方策の議論の場で、若い親に対して、「望ましい親像」を押しつけるのではなく、本当に幼く未成熟で大人としては心配だった若い父親、母親が、アトム共同保育園での子どもとの生活の喜怒哀楽、格闘を通して、また他の子の親や保育者たちと、子どもを中心にして働きかけ合い、学びあい、つまり、とことん「子どもに同伴」するなかで、立派な親になり大人になっていく、そういうプロセスをつくっていくことは可能なのだ、ということを繰り返し言ってきました。

例えば、とてもやんちゃで、すぐに手が出る子がいる。それを保育者が介入します。その子は家に帰ってこう言いました。「ぼく、生まれてこなければよかった」。つまり、5歳の子も自分の言っていることの意味がわかれば切実に自己反省というか、深く自分の存在に疑いをもつことができるのです。繰り返し叱られ、いろいろなことをしていた結果、自分のことを考えられるようになるのです。そこから出た言葉だったのです（詳しくは『裸で育て君らしく～大阪・アトム共同保育所』ＮＨＫ出版〈２００３年〉をご覧ください）。

そうすると、お母さんはどう思うか。「ぼく、生まれてこなければよかった」と言われた時に、何とひどいことを言わせるのだと、パニックになるお母さんも、もちろんいらっしゃるでしょう。しかし、この子のお母さんは、その子が育った保育園でのトラブルに5年間付き添うという実践（実戦）を積み重ねてきた経験を通して、こう言っているのです。「わが子が深く悩むことが重要なのです。自分で意識しないとわが子は変わりません。でも、一人で悩むのはしんどいと思います。だから親の役割は、そのしんどいのを聞いてやって悩むことを励ましてやることです。それが親の役割です」と。わが子が「ぼく、生まれてこなければよかった」と語った時に、受け止めることができたのです。

大人になっていくプロセスを簡単に申しましたが、これは、とても時間がかかり、根気と学びの要ることです。しかし、お母さんたちは、いつも自分たちの子どものトラブルのことなどを一緒に話しあって共に学び、共に解決するという実践訓練を続けてきたのです。

ところが最近は、親から苦情を言われると施設側は、それに対して個別に管理し対応するようになってきました。

こうなると、親は一人ひとり孤立させられ、孤立したなかで不安を増大させていきます。そうした大人同士の学びあい（共同学習）を欠落させた対応が、いわゆるモンスターペアレントを生むのではないでしょうか。

私は、そういう子どもの育ちを見ながら、「ニュータウンまちづくり型」の子育て支援、親の支援が必要だと考えるに至ったのです。この「ニュータウンまちづくり型」を少しラディカルに、またわかりやすく、「家出のできるまちづくり」と表現しています。親と子のトラブル、子ども同士のトラブル、いろいろなトラブルは「ヒトが人間になる」プロセスであり、親子の範囲だけで解決を図るといったことに追い込まない地域づくりをする必要があるのです。

特に思春期の親と子の関係は、しばしば壮絶な状況を伴うことがあります。そういったことを幼少の頃からよく知っている地域の親たちが支え合う、あるいは企業でもそうかもしれませんが、社員の家族同士が知り合ってお互いの苦労を分かち合い、支え合うといった関係を地域にも、企業・組織の中にもつくる必要があるのではないか、と考えるのです。

困難を抱え、困難を経験した土地だからこそヒトを育てる基盤がある

　大学、学生のことに話を戻しますが、人間形成上の経験の乏しい学生たちが大学に入ってきます。もちろん、伸び伸びと意欲的に学んでいる学生たちもいます。彼らをしっかりと応援してあげる仕組みをつくっていますが、様々な困難を抱えている学生たちもいます。そこで、私が一番申し上げたいことは「和歌山にはヒトを育てる環境基盤がある」ということです。私は、和歌山は若者が育つ可能性のある地域だと確信しています。また、様々な経験をもっている、そういう歴史風土をもち、それを担う人たちがいます。

　２００９年8月に、学長の辞令を受けるために上京し、当時の文部科学事務次官の坂田東一さんとお話しした時に「山本さん、どういう大学をつくりますか」と聞かれたのです。事務次官という立場ではあまり現状をお知りにならないと思い、「大学というのは18歳まで惨憺たる人生を送った学生を多く引き受けているので、一人前の人間にしてとにかく出すことが私たちの責任だと思っています」と、こういう言い方をしました。

　すると、次官が「18年間の人生が惨憺たるってどういうことですか」とお尋ねになるので、「和歌山には可能性があるのです。和歌山は人が人に対する人間関係が非常に心厚くて、そういった困難を抱えた青年たちに対して思い深く、いろいろなことで支えている人が実際にいる」と

いうことと、「そういう地域や地域の人に支えられて和歌山の青年は育ちます。東京のような大都会のコンクリートで打ち固められ、人間関係の希薄なところでは、そういうことを見つけ出すのは難しいでしょう」と。

次官は笑っていましたが、これは詭弁ではなくて私の確信です。和歌山には、日本中で「最も」といえるほど困難な条件を抱えながらも、その困難から逃げずに、真正面からそれと格闘している企業家もNPOの方たちもおられるし、市民運動に取り組んでいる方たちもいます。それこそが一番心強いことだと思っています。

今、私たちは学生たちのインターンシップなどで会社や地域でお世話になっています。例えば、教育実習に地域ホームステイ教育実習というプログラムを取り入れています。これは南部町（現みなべ町。県南西部に位置し、海山川の自然が豊かで、梅干しや紀州備長炭の産地）とか、かつらぎ町（県北にあり、果実栽培が盛んで「フルーツ王国」を謳う）の集落に2週間ホームステイさせてもらい、おじいちゃん、おばあちゃんと一緒に暮らし、農村生活の一端を体験しながら地元の学校に通うということをしています。この実習に参加した若者（多くは都会育ちの青年）は、地域の方々の濃密な人間関係にふれ、劇的に変化しています。「日本語の通じる留学体験だった」と表現している学生もいました。こういうことができるのも、和歌山というフィールドがあり、温かく迎えてくださる地域の方々がいるということであり、私たちは地域の方々と共に次世代を担う若者を育てることができる、と確信しています。

「東大よりも国立天文台よりもすごい研究組織を」の熱い思いで

さて、和歌山大学の形成について、和歌山を支えている農や林を支える研究の核がないと申しました。これは大変に残念なことで、私の任期中だけで完結するとは思いませんが、和歌山大学に、和歌山という地域の持続的発展に寄与するという意味で、農や林をテーマとする研究組織をつくる必要があると思っています。

調べてみますと、農学部のない和歌山大学にも農や林を研究する研究者は10人以上いることがわかりました。研究者は個別の学部に属し、個別の研究・教育をしているので、大学内でもあまり交流はないのです。私は農や林に関係する地域の支援も得て、この10数人をひとつのグループとして組織化し、何ができるかという議論から始めようと考えているところです。農や林に関心があり、あるいはそれを大事だと思う方とは、いろいろな話をさせていただきたいと願っています。また、和歌山にこういう重要なことがある、といった地域からのメッセージを、和歌山大学の先生方にも発していただきたい。そうすれば、励まされていろいろなことがおもしろく進むのではないかと思っています。

では、なぜ和歌山大学に宇宙教育研究所があるのかの謎解きをします。和歌山県には、みさと天文台（県中部の紀美野町＝旧美里町）と、かわべ天文台（県中西部の川辺町）などがあり、若い天文学研究者が集積している地域なのです。天文台をつくる時には、各自治体が頑張ったのですが、紀美野町も川辺町も合併に伴って天文台の存続が非常に危うくなったことを耳にしていました。

そこに、かつて美里天文台長だった尾久士教授が私のところに来て、若い研究者がいるのだからこの研究者をネットワーク化したら東大よりも国立天文台の研究所よりもすごい研究組織ができると熱っぽく訴えたのです。

それで、この若い研究者を和歌山大学の客員教授にしようということになり、和歌山県内と和歌山大学に大きな天文学研究者の集団ができ、それが今日の宇宙教育研究所の源になっているのです。

そういう意味で、農と林をテーマとする研究集団づくりの見通しは不明ですが、和歌山に貢献することのできる研究者、和歌山に貢献したいという研究者の志を引き出して、ぜひひとつの組織にしていきたいと思っています。

「ヒトが人間となる社会」を構想するということは、壮大な事業です。だからこそ、ぜひとも大学もその役割を担い、力を合わせて進んでいきたいと願っています。特に、和歌山のようにいろいろな困難を抱え、困難を経験してきた地域だからこそ、人々の力を結集して、できることか

らやっていきたいと思います。私たちの和歌山大学は、この壮大な事業を全力で支えていくことを約束します。

〈なお、和歌山大学では、２０１４年４月から各教員は学部部局所属ではなく、ひとつの教員組織に属し、教育研究の必要と個人の希望によって属する組織に再配置することとなった。と同時に、関心あるグループを自由に創ることを支援することになった。これにともない、農や林にかかわる教員は「アグレスト研究会」を組織し活動をはじめた。また、私のメッセージに共感してくださった企業家等のご尽力で、財団法人雑賀技術研究所によって「寄付講座・食品科学」が２０１４年11月発足した。〉

大学評価学会年報『現代社会と大学評価』第9・10合併号（2014年7月）掲載

【特集1】大学評価と大学経営―学生・教員・事務職員・法人のDevelopment　基調講演（2013年3月）

地方国立大学長から見た（日本の）高等教育、経営、教育実践の今日的課題

社会が大学を信用してくれる「大学の真の価値」の実現めざし、大いに悩み、試行錯誤し、内外のコミュニケーションを重ねながら行動を続けよう

学長業の準備的経験

私は、1977年に大学院を終えると同時にたまたま職があって和歌山大学に来まして、今に至っております。

最初の教授会がキャンパス移転統合という議題でした。その後10年、教授会を通して、また教

職員組合を通して（2年目に組合の書記長をやりました）、キャンパスの移転統合など大学経営に浸ることになってしまいました。

移転統合というのは大学にとって大事業で、全教職員の作業ですので、全学の諸委員会、学部、組合レベルでも勉強もするし、提案もします。そのなかで仲間づくりといいましょうか、事務系の皆さんとも今日までいいつき合いができる、いい経験をさせてもらったなと思っています。

その後の80年代後半の教育学部の再編成当時は子どもが生まれたばかりで、生活自体がてんこ舞いで、朝の2時ごろに起き、自宅と大学で午前中の仕事、授業などをして、午後は子育て・家事をするという感じでした。これは、研究室、職場の仲間が、そういう事情を理解して支えてくれたことが幸いしました。その後、教育学部改革が落ち着いたところで、全学センターとしての生涯学習教育研究センター設立に携わり、センター専任教員、センター長となりました（98年4月）。

生涯学習教育研究センターに移ったことは、私にとっては大変幸せなことでした。教育学部でも改革の仕事などを中堅として担ってきましたが、語弊があることを承知で言えば、学部教授会は、学会のように議論することには熱心ですが、決定し実行するという管理機関としての自覚がなく、これでは社会から見放されるという思いをもっていましたので、センターという小さな組織に移り、決定し実行できる場に身を置いたことは、大変幸せでした。人生の幸運だったと思います。センターで10年働き、2009年から学長に就任するに至っていますが、このセンター長の10年は、今から思えば学長職のトレーニングになったと思います。

もうひとつ、私にとって学長職のトレーニングとして重要だったと思うことがあります。これは私生活上のエピソードです。長女が生まれ、長男が生まれ、共働きをするというので大阪の熊取町、京大の原子炉実験所があるところに転居しました。京大原子炉実験所には、アトム共同保育所という京都大学の教職員がつくった無認可共同保育所があり、地域にも開放されていて、私の子どもも世話になりました。

保育所、とくに無認可保育所というところは、保育、幼児教育という狭い世界の話だけではなく、地域や住民生活の問題が広く反映するところで、いろいろなドラマの展開に同伴することになりました。この問題を通して、著名なジャーナリスト、斎藤茂男さん（元共同通信）と昵懇《じっこん》になり、その縁で、この保育園は、斎藤さんの同僚後輩の横川和夫記者によるルポルタージュに書かれ《『もうひとつの道』（共同通信）、『不思議なアトムの子育て』（太郎次郎社）など》、2003年には、NHKのドキュメンタリーにもなりました（NHKスペシャル「裸で育て君らしく―大阪・アトム共同保育所」同名の本もNHK出版より出版）。

私は、この無認可保育所が社会的承認を得られるまでのプロセス（社会福祉法人設立および認可保育園設立）を、「参加」と「情報の公開と共有・共同学習」をキーワードにした《まちづくり》の一環として、約15年にわたってプロデュースしました。この法人は、今は２つの保育園を経営するに至っています。これはひとつの事業体経営のトレーニングであり、地域経営という点で政策的交渉的トレーニングでもあり、これも今日の学長としての大きな準備学習の経験だったと思います。

〈評価〉制度との出合い

まず、和歌山大学の歴史を少し紹介します。戦前の師範と高商から戦後の新制和歌山大学ができました。その後、システム工学部（１９９５年）を設立し、２００８年には国立大学法人化後初めての新学部として観光学部をつくりました。今、観光学研究科の博士課程の準備をしており、最終的な詰めをしています（２０１４年４月設置）。文部科学省は、国立大学の人文社会系学部をどうするかという非常に切迫した事情に直面していますが、和歌山大学の観光学研究科博士課程の構想に関わっての折衝では、日本の社会科学系大学院教育の変革のパイオニアになってほしいという、強いメッセージが文科省からありました。

和歌山大学、あるいは和歌山大学長と《評価》との出合いについて、少し話します。私は２００９年８月に学長になり、初めての卒業式が翌年の３月25日でした。その日の朝日新聞の朝刊に、国立大学法人第１期の４年目の「暫定評価」の結果が報道されました。それによると和歌山大学は、86法人中、85番目だという記事でした（故山上浩二郎編集委員他の執筆）。年配の卒業生からは、「何だ！」という感じの非常に強い反響がありました。

しかし、私は古くから文科省の幹部等との交流で、《評価》に関わっての実態、とくに財務省等の圧力について聞いていましたし、当時の文科副大臣、鈴木寛氏の《評価》のあり方への問題の指摘なども聞いていましたので、冷静に受け止めていましたが、新入生やそのご家族の心配を考慮して入学式のときには公式の声明を出しました。

それと《暫定評価》のもとになった、前学長のもとで作成されたレポートの精査を行いました。精査してわかったことは、〈問い〉に対する〈答え〉という対応ではなかった。つまり、評価制度という枠を前提とした〈答え〉ではなく、それから逸脱した答案を懸命に書いているということでした。

これは現行評価制度の是非は別にして、評価制度に対して技術的正確性をもって対処するという、貴重な教訓を大学にもたらしました。と同時に私は、技術的正確性をもって、ちゃんと一定の評価を得ることには心を砕く必要はあるが、その評価が大学自体の真の価値であると錯覚してはいけない、評価制度への対応だけにのめり込んではいけませんと、学内では強く注意していました。

民主党政権時代の高等教育の政策責任者である先の鈴木・文科副大臣は、経営管理手法のひとつである「ＰＤＣＡサイクル」で大学の管理業務を評価することはいいとしても、教育研究について利用することは適切ではない、研究者をデイスカレッジすると、繰り返し国立大学長の会議で述べていました。「ニンジンをぶら下げて走らせるなんていうことで研究がよくなるはずがない」と。そして、大学が自らを評価する基準をつくって、それをきちんと社会に公表してほしい、と言われていました。

私も同様に考えていましたので、評価制度に対しては技術的正確性をもって対処しないといけないけれど、それが大学の真の価値であると錯覚することなく、自分たち自身が何を実現することが大学をよくすることなのかをしっかり考え、使命感をもって、それを追求することを日常の業務にしようと繰り返し言ってきました。

「職業としての学長」への覚悟

さて、学長就任の前夜、ふと思ったのは、今までは個人の責任で個人の生き方をしてきたけれど、これからは自分以外の失敗でリタイアすることがあるんだなあということでした。じたばたしても仕方がないと。

そう思ったら肩の力が、すっと抜けて、自分らしくやるしかないと。どこで失敗が起こるかわからないわけですから、そんなことをいちいち気にしていたら、やっていられない。なにかあれば責任を潔くとる、そして、なぜ辞めるかをはっきり公表すればいい。そう思うと、非常にすっきりした気分になったことを記憶しています。

もうひとつ覚悟したことは、自分の専門の講演とか、論文の執筆とかをやめる、とにかく、学長に徹すると覚悟を決めました。これは、理事の皆さんにも、この2年間、あるいは4年間は我慢してください、理事という職業に徹しましょうと申しました。学長になる前に、国立大学の関係者、とくに事務局の幹部から、うちの学長は片手間でやっている、研究から離れられなくて本気でマネジメントをしてくれていないように思う、などという話を聞いていたこともあって、そんな覚悟をしました（「職業としての学長」については、拙稿「『地方国立大学モデル形成』への挑戦と『職業としての学長』への模索『権力の仕掛けと仕掛け返し：憲法へのアイデンティティために』文理閣　2011年参照）。

この点では、学長はしかたがないにしても、国立大学の理事という役職は難しい仕事だと思っています。

数年間研究から離れることは、ある意味で自分の研究者生命を脅かすことになります。そういう意味では、職業としての大学経営者層をどう形成するかというのは、国立大学の場合は非常に切実な問題ではないかと思います。

学長としての振る舞い

学長の多くがそうでしょうが、私も、企業のように課長、部長、取締役、副社長、社長といったポストの経験も訓練もないまま、組織のトップに立つことになりました。それで、学長に就任する前に、何人かの友人の社長や、知っている企業の経営者に、社長の心得とはどういうものですか、どんな振る舞いをしているのですか、というような実に初歩的な話を聞いて回りました。すると、細かいことを言うな。自分の哲学を、それもシンプルに繰り返し、繰り返し伝えろ、と言われました。私は、地域発展に寄与する生涯学習論とか地域住民をエンパワメントする生涯学習など地域の問題をやってきたこともあって、和歌山大学の課題と個性を踏まえて、「和歌山大学は、生涯あなたの人生を応援します」「地域を支え地域に支えられる大学をつくります」という、２つをスローガンに掲げることにしました。これを、学内外で、あらゆる機会において伝え、説明することにしてきました。

今、３年余りたつわけですが、最近学内で会議をしていて感じるのは、教員も職員も業務を遂行するにあたって、この２つの指標に基づいて、いろいろと考えているな、ということです。学外でもよく知られてきており、そのスローガンを掲げる和歌山大学なら、こんなことを考えてほしいという注文も寄せられるようになりました。こうした経験から、会社というものは、社内外のコミュニケーションの積み上げのなかで社風もでき、また社会から認知されていくのかということが、わかったような気がします。

「憲章」ではなく「行動宣言」としてみんなのものに

私は学長就任当初、名古屋大学や東京大学などにもあるような「憲章」、「和歌山大学憲章」というものを、和歌山大学の理念的な目標として策定したいと考えていました。それで、この作業を若手の人にもお願いしてやったのですが、よく考えたら、こんなに変化の大きい時代に、長期的な有効性が必要な憲章なんていうものをつくることに、大きな労力を割くことは無駄ではないかと思うようになりました。創る以上は、みんなのものにしなければ意味がない、そうするためには、多くの教職員が参加し、議論を繰り返していくプロセスが重要になる。その時間と労力を割く意味はないのではないか。

一方、法人化された大学は、中期目標、中期計画のもとで運営されているわけですが、これがなかなか組織全体の共有のものになっていないではないか。また、この計画を一つひとつ実現しても総体としてどういう大学になるか全然わからない。大学内部の私たち自身にもわかりにくいものであれば、学外の人にはもっとわからないということです。

それで中期目標、中期計画の諸課題を凝縮し、重点化した7大項目、23小項目の「行動宣言」

をつくりました（２０１１年1月）。これを小さなリーフレットにして名刺代わりに配ってきましたが、学外の方からは、「和歌山大学がめざしていることがわかりやすい」と言ってもらっています。

行動宣言の反響を受け、その後の大学運営上の経験を踏まえて、行動宣言に基づく経験を総合化、物語化した「和歌山大学物語」を２０１２年春には作成し、入学から卒業までに至る学生の育ちのプロセスに、どういう組織、事業が関与していくのか、大学の事業の流れを学生の成長のストーリーと重ね合わせたものをつくりました。国立大学関係者の方はおわかりかと思いますが、２０１２年度予算の１３８億円の国立大学改革推進経費という費目の予算請求のときのひとつの資料として作成しました。予算請求としては実現しませんでしたが、図書館を中心に学生の学習支援のストーリーがわかりやすいということで、図書館等の整備にトータルで12億円の予算が付いていいます。

それでは、この行動宣言7項目に沿って、学長として取り組んできたことを述べます。

学生をどう育てるか――教育についての考え方の明示

「行動宣言」の第1項目には、和歌山大学がめざす教育についての考え方を提示しました。大学というところは、個々の教員は一生懸命に学生の教育をやっているのですけれど、和歌山大学

として、どういう人間を育てようとしているのですかと聞かれると、誰も説明できないわけです。ディプロマポリシー（卒業認定・学位授与に関する方針）というものもありますが、人間像としてはわかりにくい。今日大学は、教育機関としての使命を求められているわけで、教員一人ひとりにとっても、学生をどういう方向で育てるかという何らかの指標、目的、手掛かりがないと困るわけで、和歌山大学としての教育理念を出そうということにしました。和歌山大学が育てる人間像は、時代と社会が求める深い教養、他者とともに問題解決に取り組むことのできる実践力をもつ人間ですと。特に、教養教育というものを、そのベースに置くという位置づけにしました。

そして、それを the art of being a human「人間になるための教育」とし、「専門家になるための教育」(the art of being a professional) と同時に重要なんだということで位置づけました。

「人間になるための教育」といいますと、大学では、「では、その定義はなんなんだ」という延々とした議論が起こりがちです。私が言っているのは、「自分はこういうことが、人間だと思う」「人間になるための教育だと思う」「私の講義は、人間になるという過程に、このように貢献する」という議論を繰り返しながら、教育をすることが大切なのだということです。ひとつの定義として確立することに意味があるのではなく、教育の目標について、継続的に議論する、お互い考え方の違いや共通性を確認しながら教育改革に取り組むことに意味があると思うのです。（補筆1）

この教養教育の拠点として、教養の理念を構築し、内容を編成する中心となる「教養の森」センターを２０１２年10月につくり、和歌山大学で最も優れた先生を「教養の森」センターに配置したい、希望する人は名乗り出てほしいと学内公募をしました。とにかく和歌山大学で最も品格があり、教養があって、学生に信頼の得られる教員を配置したいと公募をしたのです。

こうした教員には、ボーナスなどのイセンティブを付けるべきだという意見もありましたが、現段階では本来業務のほかに、〈教養の森〉の業務というダブルミッション、自己犠牲を承知でやってもいいという先生方にお願いしたいと、今募集している最中です。（２０１３年4月、5名の教員を配置）（補筆2）

学生の学びの場として図書館の創造

第2項目は、図書館の改革です。和歌山大学の図書館、これまでは教員の注文に応えて蔵書がどんどん増えていきましたが、事務系職員削減のなかで、臨時職員中心に本のお守りをするのが精いっぱいで、学生の学びを支援する機能などということを教職員もすっかり忘れている状況でした。私が副学長をやっていたときに、全事務系職員とのミーティングを10人ずつぐらいの小グループに分けて行いましたが、その時に図書館の職員がカウンターに座っていると怖いと言うのです。何が怖いか聞くと、図書館を徘徊している学生がいる、精神的に不安定な学生のようで、館内での飲食を注意したら、牛乳パックを投げつけられた、返却のカウンターで本を投げつけられた等、そんな話がでる事態でした。

見るところ図書館自体に変革を担う力はないし、教員のなかでもそれに力を傾注できる人材はいない。しかし、大学図書館を学生支援の場とするには並の人では改革できないと思い、私の友人で、多くの自治体で公共図書館の改革を担ってきた渡部幹雄さんにお願いしました。本当に雀の涙のような待遇なのですが、特任教授で館長をしてもらっています。彼は学生支援という視点で、館内の設備、本の配架、職員の動きなど次々と改革していきました。マンネリに陥った職員の抵抗には苦労されたようですが、率先垂範、ほんとうに身を粉にして自ら働き、引っぱってくれました。この改革のなかで若い職員などが、図書館で働くことの面白さに気付き動き始めました。

彼は、大学にある様々な文化的資産、人間的資産を図書館を中心に交流、構成しようという発想で、クロスカルセンターというものを構想したり、それがもとで先に紹介したような補正予算がついたりしています。２０１３年は、優秀な司書職を全国公募で採用し、図書館の持続的な改革の担い手を育成したいと思っています（２０１４年４月から公共図書館長経験のある司書職を課長補佐級で採用）。

農山村のフィールドで育つ若者たち

「行動宣言」の３項目は、和歌山にとって不可欠な農・林に関わる地域創造支援事業を挙げました。先に触れたように、和歌山大学は師範と高商からできています。不思議なことに、和歌山が位置する紀伊半島には非常に広大な田畑、山林があるのに、和歌山大学には歴史的に農林に関する研究体制が全くありません。紀伊半島でいいますと、三重大学の前身校のひとつである三重高等農林と、それから大阪府立の高等農林があったのですが、和歌山には全くありません。

和歌山という地域に、和歌山大学が存在するキーポイントは何かと考えますと、国土のバランス上、紀伊半島の広大な自然を生かすことに寄与するという道が不可欠だと思うのです。これまでの蓄積はゼロに等しいのですが、農林に関わるプロジェクトを始めよう、ささやかな一歩でも踏み出そうということで、細々と始めております。（補筆３）

その議論の過程で多くの先生方が言いましたのは、農山村というフィールドでの学びや経験で、学生たちが「育ち直し」をしているということでした。和歌山県は紀伊半島の南にあるのですが、自然を生かしたものの生産、生活に関わるアクティブな活動をしている方が本当にたくさんおられます。その人たちとの出会いが、学生を変えるわけです。

そのひとつの例が、へき地でのホームステイ型教育実習です。和歌山らしい条件で教師を育てるプログラムを考えようということで、附属学校等の教育実習に加えて、へき地で学生たちがホームステイをして、地域での暮らしをしながら教育実習をするというプログラムを10年ほど前からやってきました。

つい先日もその総括フォーラムを開催しましたが、北海道や沖縄の大学からも参加していただきました。毎年、その集会で学生たちが報告するのを聞いて、学生の変わりよう、そして変化のきっかけなどにびっくりします。

ある女子学生は、堺市のニュータウンで生まれ育ったのですが、近所の人とあいさつをしたことがなかった、というのです。見知らぬ人と私は話せないと、ずっと思い込んできた。ある過疎地域に実習に行った折、ホームステイ先のお父さんが早速、ご近所へあいさつ回りに連れて行ってくれた。翌朝、そのおうちから徒歩で学校に通う道で、知らない人が次々とあいさつをしてくれる。昨日、出会ったわけでもない人からもあいさつをされる。された私も自然にあいさつを返している。そのときに、自分も知らない人にもあいさつができる人間なんだと人生で初めて発見した。私は知らない人とも話ができる人間だったんだと思って、人生が変わったと話していました。

あるいは、個人のホームステイ先ではなく、空いている教職員住宅を与えられた男子学生は、誰もいない所で2週間、一人で住まわされて大変寂しくて辛かったと、泣きそうになりながら報告をしていました。そういう生活で人間が鍛えられるといいますか、そのなかで日々の生活ではできなかったことをしている自分を発見する、そういうところがあるのですね。実は和歌山大学は、保健管理センターでの長年の学生支援の経験から、〝引きこもりから脱出するプログラム〟を開発していて、よその大学の引きこもりで相談している学生も含めて受け入れ、支援しています。これらも和歌山という自然豊かで、人情豊かな地域性によるところが多いのです。

学長になった２００９年の８月は、ちょうど自民党が大敗する衆議院選挙をやっている最中で、私が辞令をもらったときには大臣がおりませんで、事務次官が辞令を交付してくれました。国立大学長の辞令交付の際には、辞令交付者と新任の学長との懇談の時間がとられているようで、８月１日の交代は私だけでしたので、事務次官と２人きりの懇談となりました。シナリオはありません。

当時の事務次官は坂田東一さん、今ウクライナの大使をしている方です。その坂田さんが、「山本学長は、どんな大学にされるんですか」とお聞きになりました。私が「18歳まで惨憺たる人生を送ってきた学生を育て直して、社会で通用する人間に育てていくのが、大学の使命だと思います」と言いましたら、坂田次官は当然びっくりされて、「18歳まで惨憺たる人生とはどういうことですか」と。

そこで次のように答えました。大学の新入生は、18歳まで本当に限られた生活経験と、評価、評価で追い詰められた人生を送ってきて、かなりの学生が、すでに学びと生きるエネルギーを失い、休退学に追い込まれている。先に触れた引きこもりからの脱出プログラムなどで救われた学生もいますが、残念ながら日本では、そんな入学生が再生産されているわけです。しかし和歌山大学では、そういう学生たちでも、和歌山という本当に人情豊かで、かつ豊かな自然環境の中で留年や休学などを経ながら7年、8年という時間をかけて育ち直して社会へ出ていっていると、そういうことが必要なのだということを言いましたら、ずいぶん興味をもってくれました。

ついでに、次官が卒業された東京大学も、この点で実に深刻なのですよ、と付け加えておきましたが。

和歌山というフィールドで、癒され（18年間の管理された、狭い世界・空間、貧困な時間での生活からのリハビリ）、エンパワメントされる学生は実に多いのです。

休耕田を使ったプログラムも一例です。現地で中心になっているシニアの方は、プリンスホテル系列の会社の役員をした方で、サラリーマン人生の間は、全く故郷を離れていて、故郷の父母は地域に残った人たちに面倒を見てもらって人生を送れた。その感謝の念がある。サラリーマン生活を終え帰ってきて、何かやろう、恩返しをしようと思ったときに、何をやっていいかわからなかった。その時に、和歌山大学の田辺市にあるサテライト（南紀熊野サテライト）での講義を聞いて、休耕田を学生さんたちと活用できないかと思い、提案し、実際にやることができた。そんなプログラムもあります。

２０１０年10月、朝日新聞のインタービューに答えて、私が、「和歌山大学入学生の多くが、不本意入学だ。それでどこが悪い」と話したことがあります。

偏差値の輪切り状況で進学先を選択するシステムの中では、やむを得ないことです。問題は、そうした学生をどのように受け止め、育てるかが大学の仕事なのです。たとえ不本意入学であったとしても、入学を決断してくれた新入生と、しっかり付き合って、彼らの人生にとって、和歌山大学は意味があるところだと思ってもらうのが大学の仕事だ、ということを常々教職員に話しています。

不本意入学の学生が地域のプログラムに参加し、自分のテーマを発見するのです。先日も学生が語るフォーラムをやりましたら、ある学生が、「学長が言ったとおり私は不本意入学でした。大阪大学へ行きたかったけれど、残念ながら行けなくて和歌山へ来ました。最初は、うつうつとしていました」と言いました。しかし、この学生は、このプログラムを経て、ユニクロへ就職しました。それがいいのかどうかわかりませんが、とにかく、今最も難しいといわれているユニクロに就職したのです。彼女は、「実際には不本意入学だったけど、次に人生があるとすれば、その時には第1志望で和歌山大学に入ります」と言いました。

ある工学系の学生は、1、2年生のときには、いわゆる帰宅部で、授業が終わるとすぐ帰るという生活だった。ある授業で、先生が、地域に出るプログラムに参加してみないかと誘ってくれた時、なんとなく誘いに乗ってしまった。そこで思ったことは、「自分はそれなりに勉強してきたと思ったが、住民の人たちが葛藤している切実な課題の前では、全く意味のないものだった」ということであり、「本当の私は、馬鹿なんだ」と自覚した。そして勉強に意欲的になったというのです。また、自分は和歌山大学に来て本当によかったと思ったと話しました。

今、国立大学改革推進という政策のなかで、COC〈Center of Community＝地（知）の拠点整備事業〉プログラムというものが始まっています。これは、学生を地域で育てよう、これを卒業要件にもするプログラムを大学教育に組み入れようという方向ですが、今更言われなくても、和歌山大学ではすでに行っているということです。

中学・高校生を励ます地域の大学の役割

「行動宣言」4項目は、「中高生の憧れと入学への希望がもてる和歌山大学にします」です。「生涯あなたの人生を応援します」という話の「あなた」は、学生だけの「あなた」ではなく、和歌山大学に入る前の学生、あるいは卒業生。もちろん教職員も「あなた」で、経営者としては教員や職員の人生も応援する。学生の人生を応援するというのも、ただ応援するのではなく、入学前の人生も含めて応援するということをメッセージとして送っています。

このスローガンのせいではないでしょうが、最近、高校生や中学生、そして小学生も、頻繁に大学にやってきます。その時に伝えているのは、和歌山大学のことだけではなく、大学についてわからないこと、聞きたいことがあれば、東京大学のことだって、わかることは丁寧に教えてあげますよ。とにかく、よその大学でもいいから、大学について知りたいということであれば、君たちの近所の和歌山大学に来れば、すべての大学について相談に乗りますと言っています。これは、このスローガンのおかげだと思いますが、こうした社会からの対応に、職員は、余計な仕事としてではなく、本当に親切に応えるようになったと思います。

もうひとつ、これは大事なことだと思っていることは、私は、教育というのはヒトという動物が人間になるプロセスへの機能だと思っています。ところが、幼児の段階から小中高、すべての段階が分断されているのが現状です。「高大接続」というテーマはありますが、高大接続は入試の問題だけではなく、人間としてどう育っていくのかというプロセスが問題なのです。しかし、日本の教育制度、教育実践においては、この点について全く議論していないのですね。

ちなみに最近、文部科学省内で、初等中等教育局と高等教育局が初めて勉強会をやるようになったとある局長から聞きました。これまでは、連続的に人を育てるためのシステムをどう構築するかということなど、ほとんどやってこなかったのです。

私は、和歌山の校長会や和歌山県の教育委員会には、子ども期から青年期の教育に関与する機関として、こういうことを議論しましょうと呼び掛けています。まずは大学から、何をやるかということで、中高生、大学入学前の関係者へ、中高生の憧れの大学にしますというメッセージを発することによって対話の関係を創りだしたいと思っています。

OB・OGの人生の支えになる大学

「行動宣言」の第5項目は、同窓会との連携強化です。卒業後の学生たちが、3、4年で3割くらい転職するということが報じられています。和歌山大学は、それほどの数ではありませんけれども、かなりの離職者があります。「和歌山大学は、生涯あなたの人生を応援します」というスローガンのせいだけではないと思いますが、就職支援室は、最近、卒業後の学生の相談がずいぶん多くなって大変だ、大変だと言っています。大変とは思いますが、頼りにされることは、いいことだと思います。もうひとつは、自校史を学ばせたいということです。取り組みは遅いくらいですけれど、ようやく和歌山大学でも、自校の歴史を掘り下げて学生たちにどう学ばせるかについて準備しています。2012年10月、ちょうど和歌山高商90周年を迎えるにあたり、私も和歌山高商90年の歴史を調べました。和歌山に高商を設置してほしいと願う和歌山県は、紀州徳川家に寄付を頼むのですが、紀州家の顧問団のなかでは、「高商は、大阪にもあるし、神戸にもある。和歌山につくる意味があるのか」という議論があり、当時の和歌山県知事等が一生懸命説得して設立に至るのです（『上田貞次郎日記』）。

この話を先日、1年生にしましたら、自分の大学は、こんな先人の苦労で成り立っていたのだと、とても感動していました。そう言えば、自分の大学の歴史なんて、そんなに知る機会もなく、そんなことに関心ももたないのではないかと思っていましたが、なんであれ、そんなことも伝えながら、大学の意味、学ぶことの意味を考えさせる、そして母校への愛着、同窓意識をもたせることも、大学の存続の基盤づくりとして重要だと、国立大学として初めて気づいている段階です。

私学などは同窓会が非常に強靭ですけれど、国立大学の場合は同窓会が脆弱です。今のシニアの世代、和歌山大学でいえば2期校時代の卒業生は、同窓会活動に非常に熱心なのですが、もう10年もしますと、その基盤は一気に崩れるのではないかと思っています。共通1次テスト世代ぐらいになると、母校への愛着が弱いような気がします。

シニア世代、2期校世代は、敗者復活戦の気持ちで誇りある大学生活を送ってこられました。この世代の和歌山大学ＯＢは、金融界の社長さんが多いのですが、多くの方は、京都、大阪、神戸という1期校を断念して和歌山大学の経済学部へ入学されていますので、卒業後の企業生活では、逆転したという誇りはすごいものです。

こうした世代がいなくなったときに、今のような精力的な同窓会の姿は崩壊するのではないかと思います。私は、同窓会についての戦略的な方針を立てることが仕事だと考えています。

持続的自己革新のできる大学へ

《大学評価》という制度を、意味のあるものとして機能させようとするなら、大学構成員が、大学という組織の実体と解決すべき課題を自己認識し、自ら革新していくサイクルをもった組織にすることが重要です。これが、「行動宣言」第6項目のポイントです。

大学の研究者は、世界の様々なテーマを研究する、研究能力と学習能力に特段にすぐれた人々です。ところが、学会ではエビデンス（科学的根拠）を大事にして発言する教員が、自分の持ち場・職場については、全然研究しないで、大学の会議では、きわめて自己の狭い経験から、それも自己の見解をタフに展開するということがよくあります。

まずは評価制度への対応の前に、自らの組織の本質的な価値や課題を自分たちで探り、確認していくことを組織の体質にする必要があるというのが、私が強調したいことです。そのために、しっかり自分の大学を研究しようということで、「和歌山大学研究集会」を呼び掛け、就任1年たった2010年8月、第1回の研究集会を開催しました。その後、教育・学生支援のテーマ（年数回）と地域創造支援・研究支援のテーマ（年1回か2回）の2本立てで行っています。教育・学生支援のテーマ集会は、「ワダイ夢活フォーラム」と名付けられ、若い事務職員たちで実行委員会をつくって取り組んでいます。

２０１２年12月の課外活動がテーマでの研究集会は、財務課長と施設課長もパネリストで加わりました。集会後、２人の課長は、学生の意見に感激して、学長裁量経費を使って学生のための施設整備をしたいといって私のところへ談判に来ました。学生参加に刺激されて、課長も日頃と違ったアイデアをもって仕事を構想したわけです。

地域創造支援・研究支援の課題では、３・11大震災を踏まえ、研究者の社会的責任をどう考えるかということで、「３・11を忘れない、フクシマを忘れない。そして研究者の社会的責任を考え続ける」ためのプロジェクトを持続的に取り組もうと提案してきました。

３・11後の研究者の在り方をどう考えるかということは、様々な場で議論されてきています。私は大学という場は、お互いに日常的にこうしたことを考えていく必要があると思うのです。

国立大学協会の総会でも、３・11後のこの種のテーマが議論のなかで出てきます。それでも、国大協として取り組もうということにはなかなかなってこない。それでいいのだろうかとも思うのです。

２０１２年、鹿児島での国大協総会で、文部科学省の審議官が３・11に触れて、国民の科学・学術への不信を克服するために、国立大学は最前線に立ってほしいというようなことを発言したのに対して、数人の学長さんたちが猛反発されました。大学・学術は何も悪くない、悪いのは、科学を利用したあなたたちではないかと言うのです。反発された学長さんは、結構、原発推進の学者を抱えている大学の方でした。もちろん、それには反論もありました。原発を抱え、原発推進の研究者を抱える学長さんのなかにも、審議官の発言に同意し、反発した学長に反論された方もおられました。

私は、その議論に割って入りまして、この議論を鹿児島でやるのではなくて、国立大学協会として、福島で、福島の住民の前でやるべきだと提案しました。この会議と相前後して同様のことを繰り返し発言してきましたが、それにすぐに反応され、「そうだ、私もそのために努力するよ」と伝えてくれたのは、東京外国語大学の亀山郁夫学長（当時）でした（その後、2013年6月福島で開催されました）。

こうした状況を見ながら私は、自分たちの大学だけでも始めなければならないと思っていました。3・11からさほど時間のたっていない時期に、ある若い研究者とたまたま話す機会があり、私の気持ちを伝えました。彼は、社会的関心のある方だと思っていたので、「若手からなにか動きをつくることはできないか」と話したのです。そうしたら意外なことに、「学長、そんな面倒くさいことを言うのはやめてください。我々は生活も仕事も忙しいのですよ」と反論されてしまいました。

それは正直な気持ちだとは思いましたが、それでめげるわけにいきませんので、役員会や担当理事に資料を提供したり、学術会議等の企画を紹介したり、本を読んでもらったりを繰り返しました。担当理事や担当セクションは、私の提案や提供を受けとめ、福島に行ったり、学術会議の会合に参加したりしていました。ようやく２０１３年２月に、３・11後、福島大学で地域復興・再生の中心となって尽力されている山川充夫先生を招いたプログラムを開催することができました。

今後は継続的に、３・11前後に、「３・11を忘れない。フクシマを忘れない。地域と共に研究者の社会的責任を考える」というプログラムを企画したいと考えています（２０１４年２月のプログラムでは、前日本学術会議会長の広渡清吾・専修大学法学部教授を招きました）。

学生、教職員と共に大学をつくる

和歌山大学では、各層のエンパワメントを試みてきました。この人材養成が第7項目です。

学生の勉強時間が短いということが話題になったときには、学生たちと《本当にそうなのか》《そうした報道や世間の取り上げ方をどう考えるのか》ということで対話しました。

学生は、いろいろ面白いことを言っていました。一番面白かったのは、「多くの学生が勉強をしていないと、ぼくが少し勉強をすれば勝ち組になるのでうれしい」と率直に語る学生がいたことです。こういうことを、みんなの前で言えるというのはすごいことですね。だから私は、「君は、ある意味今の時代が創った人間だね」と言いました。競争と評価で育てれば、彼のような考えが生まれるのは当たり前の話です。しかし同時に、別の学生たちは、先にも触れましたが、「地域に出ることで学びの意欲が生まれた」という議論を、その場でしていました。学びは強制してもしかたがありませんから、自分とは違う学生の存在を知って、どう考えるか、そういうことのできる場を繰り返し創ること、これもエンパワメントの方法のひとつだと思います。

それから、教職協同出張というのをしています。初年度は５００万円ぐらい予算化しました。教員と職員が一緒になって、他の大学に行って研究調査し、和歌山大学の改革案を考えるというプログラムです。

また、春には新規採用の教員、職員合同の研修合宿をします。そして、教員の昇任手続きの際には、大学の組織としてのミッションへの関与をしっかり頭に置いてほしいということで、学部からの選考結果を受けて、学長としての最終決裁の前に役員との面談会をしています。２０１３年度からは、採用する教員についても、役員と面談会を行い、その後、最終的な決裁をすることにしています。

この話をある大学の理事にしましたら、「うちの学長に言わないでください。うちの大学が、そんなことをしたら大変なことになりますので」と言われました。しかし、組織としての大学の機能の強化を考える上では、大学にとっても個々の研究者にとっても必要なことではないかと思います。

実際にやってみると、そんな抵抗もなく和やかな雰囲気です。トーマス・マンの研究をしているドイツ語の先生は、10分ぐらいで本当に感動的なスピーチをしてくれました。特に、ドイツ語の学習を手掛かりに新入生の学びの意欲を引き出し、仲間づくりに向けて、様々な工夫をし、学生たちを激励している実践は、本当に見事なものでした。その先生に「同僚の先生方に、あなたの工夫を話されたことがありますか」と尋ねましたら、「いや、今日が初めてです」とのことでした。せっかくの貴重な価値ある経験が共有されていない、お互いに何をやっているかを知らないといったことでは大学組織として成り立つわけがないと、改めてマネジメントの責任を感じました。こういう気づきもあるのです。

経営の工夫、将来の経営幹部の養成など

法人経営のディベロップメントでは、重層的な会議構造といっているのですが、各種の会議も組み立てています。役員会を基本に置いて、役員と学部長の定期の懇談会、課長以上の事務系幹部との懇談会を積み上げています。こうしたプロセスで、将来の経営幹部の養成を目指しています。

学長選挙は、和歌山大学としては法人法に基づいて学長選考会議がありますが、事実上、教職員の意向投票で決まるということになっていました。しかし、よく考えてみると学長というのは、国からの交付金と学生からの納付金、和歌山大学でいうと約70億円の予算に責任をもつ立場にあるわけです。その意味で、社会および学生のご家族に、この人は和歌山大学という高等教育機関、学術研究機関の経営ができる人ですという説明責任がとれる選考方法を模索していくことが重要だと思います。投票で多数でしたというだけでは、社会的説明がつかないのではないかと思うのです。

教授会などでは多様な議論がありますし、それでいいと思います。しかしそこでは、必ずしも組織としての大学のミッションなど全く関係ない議論も強固にあります。その人たちが投票して選んだということで、社会は大学を信用してくれるのだろうかという思いもあって、どういう方法がいいか大いに試行錯誤をする必要があるのではないか、経営幹部の養成も含めて新しい考え方を出したいと思っています。（補筆4）

学長のリーダーシップ論ということが、今強調されています。しかし、「国立大学法人法」の学長の権限は本当に独裁的権限で、やりたいことを何でもやれるという制度です。様々な事業予算においては、やたらと学長のリーダーシップで構想しなさいと言われています。先日も文科省の高等教育局長と国立大学法人支援課長も参加された国大協の会議で、「少なくとも和歌山大学では、教授会の意向を気にしてリーダーシップが振るえない現状はないですよ。むしろ確信のもてるビジョンを、学長を中心にどうつくるかが問題であって、それがあれば説得もできるし、強固な一部の反対は孤立していく良識はあります」と言いました。法人支援課長によると、省内にもこれ以上、学長にリーダーシップの法的根拠を与えてどうなのだろうという議論がある、とのことでした。東大や京大などの巨大組織と和歌山大学のような中小零細経営の問題は分けて考えた方がいいと私は思っています。

経営協議会の機能をどう考えるかも重要なことです。例えば給与の問題では、震災対応ということで国家公務員の給与の臨時的引き下げが行われ、「国立大学法人も」という「強い要請」がありました。

それが問題になったときに、学長と過半数代表と教職員組合の委員長で、『地方国立大学の教育研究の持続的発展に関する共同声明―「国家公務員の給与の臨時特例に関する法律案」及び運営費交付金問題について』という声明を出しました。この声明に基づいて、経営協議会の外部委員にも、それを支持する「地方国立大学に対する公的投資の充実を求める声明」を出していただきました。これを出したときに、私は幾つもの国立大学が続いてやると思っていたのです。ところが和歌山大学だけでした。

最終的には給与を下げましたので、給与を下げるにあたっては、『教職員給与規程の「改定」

にあたって〜教職員の叡智の結集と協働のお願い（２０１２年６月22日）』というステートメントを出し、ごめんなさいと、私は要請に屈服して給与を下げることにしましたということを、はっきり出しました。

すぐに私に反応をくれたのは、先の鈴木寛さん、当時の文科副大臣でした（現在東京大学・慶応大学教授、２０１４年10月文科省参与、15年１月文科大臣補佐官に就任）。彼はすぐに「山本さん、こういうことをやってほしいんだよ」と言いました。そんなこともあって、他大学の学長に「和歌山大学の経営協議会は、どんな人がやってくれているのですか」と尋ねられるのですが、そんな異色の人が入っているわけではありません。国立、公立の学長経験者、地元経済界代表等です。「みんな話したら、このぐらいやってくれますよ」と言ったのですが、そういうふうにしています。

教育研究評議会も、審議だけではなくて、できるだけ全学の情報、経験が共有される場として位置付けています。とにかく、自分の組織の最前線で何が行われているかがわからないと、評価が確かなものになりません。したがって毎回、会議の冒頭で、学生の報告も含めて、どんなことを最前線で行っているかということを、その当事者から直接聞いてもらうような時間をとっています。そうすると、教育研究となかなか直接的に接触する機会の少ない施設課長も財務課長も聞いていますから、彼らも、そこからアイデアを得て財政的な政策とか、いろいろな政策を考えることができるわけです。

事務系職員との懇談は非常に重視しています。大学のこれまでの運営の主導的な位置にいる教員層は、自由度が非常に高い半面、組織になじまない人たちが多いのです。しかし、この厳しい時代に持続的な大学の発展を考えると、組織としての発展を担う位置にいる事務職員が十分な発言権をもち、あるときには教員の動きを手厳しく批判し、組織として発展させるという方向性を教員に提示していくことが必要です。事務職員層が、そうした役割をしていくことで国立大学の発展があると思っていますので、事務職員を非常に重視しています。和歌山大学では最近、事務職員が本当に自信をもって発言するようになってきました。これは、いいことだと思っています。

そして、私は、この間の学長選考会議の過程で《抱負》を表明しました。その際、和歌山大学だけが生き残ることはあり得ないので、国立大学、あるいは高等教育総体が発展するための働きをしたいという考えを述べました。国立大学協会はもちろん、公立大学、私立大学との連携も含めた発展というもののイニシアチブを、国立大学は発揮する必要があると思っています。ご存じのように、私大協（日本私立大学協会）、私大連（日本私立大学連盟）と国立大学協会というのは共同のテーブルもないわけです。文科省も、それには及び腰で、とてもできないということのように見えます。これは、まさに自主的に学長たちが動いてつくらない限り大学の発展はないと思っています。（補筆5）

国立大学法人の場合、大学経営を担う人材をどう養成するのかが重要で、特に学長等経営者層をどう養成・形成するかが切実な問題だと思っています。和歌山大学でも、２０１３年２月に学長選考がありましたが、私以外に候補者はいませんでした。私自身のこれまでの４年の職務が承認されていると思いたいところですけれど、今の時代、学長を引き受けようという人がいないというのが実情でしょう。経営者層の養成・形成問題から国立大学法人は瓦解するのではないかというのが、私の切実な心配です。

【補筆】以下は、２０１４年５月段階での補筆です。

（１）２０１４年４月の入学式において、教職員の教育学生支援の姿勢を、「教育活動宣言」として学生・社会に公表。これは、「大学教育の質保証」という課題に対する基本的な姿勢の表明である。教職員がどのような理解で学生を受け止め、学びの支援と人間としての成長のために教育や援助をしているかという姿勢と努力を伝えようとするものである。また、和歌山大学改革のシンボルとして多くの成果をあげた「２０１１〜２０１３　７つの行動宣言」は「２０１３〜２０１５　８つの行動宣言」として更新され、それに基づく新たな取り組みが展開されている。詳しくは、http://www.wakayama-u.ac.jp/file/20140405welcome.pdf 参照

（２）２０１４年４月から教員組織と教育組織（学部等）を分離し、教員を改めて学部・大学院・センターに再配属した。これにより４月設置の観光学博士後期課程には、教育学部・経済学部教員を学内兼坦で、また「教養の森」センターには、最初の専属教員の配置が可能となった。

（３）本学の志の繰り返しの表明に応え、地元のある財団より農林系「寄付講座」の申し出があり、現在制度設計中である。

（４）和歌山大学学長選考会議は、国民、政府、そして学生（その背後の学費負担者）の期待を実現すること、そのために教職員の意欲的な姿勢を引き出すことが重要だという観点から、新たな選考方法を討議・検討してきた。

（５）国立大学の困難をもっとも知る学長経験者による「高等教育の未来のための社会運動」が必要である。望ましくは、国公私を超えた「学長シニア」の社会運動が望まれる。

3

大学の地域参加と住民の学習に欠かせない自由の保障

都留文科大学「地域交流センター通信」25号（2014年3月）掲載

東京一極集中、地方の疲弊、少子高齢化等の日本社会の大きな変化のなかで、日本の大学は、大転換を迫られています。この事態にどのように対応すべきか、できるのか、その方向性を示すことのできる知恵は、大学にあるのではないかと、社会からの大学への期待は広がっています。大学も、社会からの支持、承認を得なければ、今後さらに進むであろう少子化のなかでは存在すら危うくなるという危機意識もあり、これまでの教育、研究という機能に加えて〈社会貢献〉という新たな機能の具体化に着手しています。

すなわち、〈社会（地域・住民）〉と〈大学〉が、直接的に相対し、繋がるという課題（これを「地・学協同」と言いましょう）が、日本の大学史上初めて現実のものとなったのです。その点では、都留市という自治体を基盤に存立されてきた都留文科大学は、先行する数少ない大学だと言えるでしょう。

おそらく都留文科大学では、すでに自覚されていることと思いますが、〈地〉と〈学〉という二つの別世界を繋げることは、容易なことではありません。私は、長く地域生涯学習の研究者として、いまは地方国立大学長として、この方法を探ってきました。

異なった世界、そしてその中で活動する人を結びつけるためには、それぞれの世界に精通していなければなりません。

精通すると言いますが、〈地域〉も〈大学〉も複雑な構成であり、単純なものではありません。〈地域〉とは、対立や葛藤の渦であり、それを体現する人間関係の場です。また〈大学〉には、多彩な研究がありますが、それは個性的な人（研究者）によって行われています。地域に参加し、学ぼうとする学生は少なくありませんが、彼らもまた個性的な存在です。これを顕《あきら》かに示したのが、〝３・11〟後、例えば福島原発を巡る問題です。地域には、原発の利益を感ずる人も居れば、原発に対する重大な危害を感じる人も居ます。一方大学では、原発を促進するような研究者も居れば、原発の危険性を訴え、どう克服するのかということを研究する研究者も居るということです。

他方、産・学協同は、産の方で開発するテーマや利益が非常に狭いターゲットで焦点化されており、それに合わせる技術を探すことは大変ですが、探して合わせることができればあとは2倍にも3倍にも発展することができます。しかし、地域にはあらゆる意見の階層があり、さまざまな利害対立があります。

こうした多彩な人々を繋ぐためには、〈地〉と〈学〉を媒介するプロセスにおいて、双方の人の個性、意欲、希望、苦悩をよく知り、寄り添い、そして出会いや対話の機会を創り、そして相互の希望と意欲が重なりあう接点を見い出し、そして実際の協同の活動を創りだすという方法が不可欠です。しかもこのプロセスは、いつも調和的に展開するわけではありません。

その意味で、〈学〉の側において、〝学問の自由〟という原理が大切にされているように、相対する〈地〉の側にも〝住民の学習の自由〟〝意見表明の自由〟というものが保障されなければ、〈地・学〉の協同は成り立たないのです。〈学〉の研究の成果を、学習の自由の無い、選択の自由の無い住民に提供するだけでは、単なる押し付けに過ぎません。これでは、住民一人ひとりが、自分自身の従来の考え方を共同学習によって発展させ、自己の新たな認識と相互の合意を創りだしていくことはできず、むしろ地域の分断を助長することになりかねません。

〈地・学〉の協同が、地域社会の発展のシステムとして機能するうえで、極めて大きな障害が生まれていることを指摘しておかなければなりません。そのひとつは、地方教育委員会制度を首長に従属させるという制度改革の方向です。「教科書採択などは政治的中立が必要だが、社会

市民セミナー：研究者と受講者の「語り合いの共同学習」

教育や生涯学習にまで首長が口を出せないのはおかしい」とか「社会教育は主に成人及び青少年を対象に、本人の自主性や主体性の尊重を前提として、多種多様な内容で行われるものであるため、学校教育に比べると政治的中立性に留意する必要性は薄く、社会教育に関する事務については必ずしも教育委員会で執行されなければならないとは言い切れない」などという議論、認識がその制度改革の背景にあります。しかし、すでにふれたように地域の争点は、しばしば首長等の主張と、それと対立する主張として顕在化します。この対立的関係において共同学習が成立し、新たな判断、合意が形成されるように〈学〉は貢献しなければなりません。

〝住民の学習の自由〟が保障されない条件のもとでは、〈地・学〉の協同、大学の地域参加は成立しないということを強調しておきたいと思います。

4

「新しい自分」を創りだそう

平成22年度卒業式式辞（2011年3月25日）

3月11日の「東北地方太平洋沖大地震」による「東北関東大震災」（当時の呼称。4月1日の持ち回り閣議で「東日本大震災」に決定）から2週間目の本日、われわれは「生きて」卒業式の場に集っています。この震災で2万人以上は亡くなったと言われています（総務省によると、平成26年3月11日現在の死者・行方不明者は計1万8550人）。この中には、皆さんと同世代の人たちも少なくないでしょう。卒業生の中には直接被災された人もいます。自分や家族は直接に被災していなくても、被災された身近な友人、知人がいらっしゃる人も少なくないでしょう。心からお悔やみとお見舞いを申し上げたいと思います。

本日の卒業式は、915名の学部卒業生、202名の大学院修士課程修了生、博士の学位をえた９名の博士課程修了生、そして９名の特別支援教育特別専攻科修了生の皆さんの、これまでの学びの到達を讃え、喜びを共有する場でありますが、それだけではなく、亡くなった方々の無念さを記憶に留め、私たち自身とこの社会の新たな旅立ちの日としたいと思います。

日本、そして世界の多くの人々が、日頃の対立、利害を超えて、日本の危機を救おう、支えようと動き始めています。和歌山大学でも、震災対策本部を設置し、可能なすべてのことを為すことによって、被災者、被災地の支援を教職員学生が全学一丸となって取り組むことを決意し、既に行動を始めています。卒業生の皆さんも、ぜひ支援の動きの輪に加わっていただきたいと思います。

今回の地震は「東北地方太平洋沖地震」であり、被災地は東北・関東が中心です。しかし「南海大地震」、すなわち紀伊半島太平洋沖地震の可能性も想定されており、今回それが起こっていれば、われわれ自身が被災者であり、この和歌山が被災地であったのです。他人事や遠くの問題ではありません。卒業生の皆さんは、これから、東北・関東圏を含め全国各地に飛び立つわけですが、市民として、職業人として、被災者・被災地への支援、震災からの復興への輪に積極的に加わっていただきたいと思います。震災の大きさをみれば、復興へは、10年以上の長い時間を必要とするに違いありません。皆さんは、この震災の復興、そしてこの日本社会を創りなおす第１期生として社会の第一線に飛び立つのです。

さて、今回の大震災は、われわれ日本社会、いや世界に、人間社会のあり方について、原理的な問題を突きつけています。今回の震災は、3月11日だったということから、あの9・11と並べて、衝撃の大きさが語られることがあります。しかし9・11とは、人間が創りだした利害・対立の中で生じた事件でありますが、3・11大震災は、人間の存在以前の地球という自然によって与えられたものであるという点で、人間に対して、この地球という自然の中で、いかにこの自然と付き合いながら暮らすのか（原子力エネルギーを使うか使わないかという問題も含めて）という基本的な問題についての反省を迫るものであります。

「豊かさ」「便利さ」「安全」という、これまで私たちが幸福の実現としてきたものが、いかに脆弱であり、危ういものであるのかを見せつけられています。「豊かさ」や「安全」を基礎づけてきた科学や技術は今、自然の猛威の前で「想定外」という軽い言葉でその根拠を放棄しています。それでは、科学は信用に足るのか、技術は安心を提供するのかと、不信が広がってもやむを得ないでしょう。今日の制度や技術を支えてきた研究者・科学者は、その反省の先頭に立たなければならないと思います。

卒業生にお願いしたいことは、日本の最も高いレベルの高等教育を終えた優れた知識層として、現実を支配する制度や技術を安易に信用することなく、市民としての生活実感、職業人としての現場実感から疑いをもっていただきたいと思うのです。そして、自然の猛威を正当に想定し、自然とともに生存するための、次の世代の制度・技術を創りだしていただきたいということです。皆さんは、それが必ずできると私は信じています。

私が信ずるには根拠があります。それは、本日、教育学部を卒業する西村太助さんの努力と到達です。西村さんは、２００６年３月留学中、グアテマラで交通事故にあい、「高次脳機能障害」になりました。脳に損傷をうけ、当初は医師から「もう話せない。車いすの暮らしでしょう」と言われたといいます。しかし、ご本人の意欲、それを支えるご家族の支援、リハビリ専門医の助言と指導によって、５年にわたる身体機能の回復と脳機能障害のリハビリを重ね、昨年４月教育学部に復学、所定の単位を取得され本日の卒業を迎えられました。太助さんを支えた父上は、専門の医師に「元には戻らないけれど、新しい太助さんを育てると思ってください」と言われたといいます。今ここに新しい太助さんが育ち、社会に旅立たれるのです。

脳梗塞で倒れた国際的に著名な免疫学者の故多田富雄先生も、リハビリの経験の中で、自分の中に「新しい人」が生まれたと書いています。多田先生は、脳梗塞による右半身麻痺や言語障害を克服するリハビリの過程を次のように書いています。

「発病直後は絶望に身を任せて、暇さえあれば死ぬことばかり考えていた」「それがリハビリを始めてから徐々に変わっていったのだ。もう一人の自分が生まれてきたのである。それは昔の自分が回復したのではない。前の自分ではない『新しい人』が生まれたのだ」「『新しい人』は、初めのうちはまことに鈍重でぎこちなかったが、日増しに存在感を増し、『古い人』を凌駕してしまった」「私は、脳梗塞の発作によって、生まれ変わったのだ」（『寡黙なる巨人』２０１０年集英社文庫）と。

卒業生の皆さんのような若者も、私のようなシニアも、西村さんのように、多田先生のように、「新しい自分」を創る可能性をもっているのです。私たちにとって、「リハビリ」とは、目の前にある常識を疑い、自分の頭、脳で考えぬくことです。多数の意見に惑わされず、少数意見に耳を傾け、学び、「新たな自分」を創りだすことです。

世界は動いています。そして日本も変革を必要としています。その変革は、今ある誰かに委ねればできるというものではないことは明らかです。この変革は、自分の頭で考え、自分の中に「新しい人」を創りだした人たちによって可能となるのです。太助さんが新しい自分を自ら育てたように、皆さんも現実と闘いながら新しい自分を創りだしてください。

和歌山大学は、「生涯、あなたの人生を応援します」とメッセージを発しています。卒業生も、その〈あなた〉です。人生において、新たな学び、新たな支えを必要とするとき、ぜひ母校にリターンしてください。全国各地では、同窓会の諸先輩方が、皆さんの人生の応援団として待って

いてくださいます。

そして、第1期卒業生となる観光学部卒業生にひと言述べたいと思います。1期生71名は、新学部という教育条件等の未整備の中で、大学で学び、地域で活動し、高い学びと大きな地域への貢献をしてくれました。全員の就職も決まり、全国に旅立ちます。第1期生の誇りを胸に、活躍し、学部としての伝統を築いてください。

最後に、卒業生の皆さんに重ねて呼びかけます。自分の幸せのために、そして日本社会の復興のために最前線での奮闘を！　そして和歌山大学は、皆さんの生涯を応援します。

5

「未来の希望」を実現できる世代へ

平成23年度入学式式辞（2011年4月5日）

本日ここに集われた学部・大学院・特別専攻科への入学生の皆さん、おめでとうございます。特に今年度は、観光学研究科修士課程の第1期生を迎え、和歌山大学の歴史に新たな頁を加える年度でもあります。ご来賓の本学後援会の奥村博志会長はじめ副会長の皆さん、および列席の本学理事・副学長、学部長等とともに心からお祝いしたいと思います。

しかし、すべての入学生が集っているわけではありません。一人の教育学研究科入学予定者は、東日本大震災の被災地・宮城県の中学校で3月まで教員をされていた方で、ご自身も被災者でありながら、本日も避難所となった元の勤務校で被災者支援にあたっておられます。

本日ここに集っている皆さんのように大学進学が決定していながら、大震災で亡くなった方、ご自身・ご家族が被災したため入学が困難になっている方、大学自体が被災したため入学式はもとより講義等の開講の予定が立たない大学もあることなどを、我々は忘れてはなりません。

入学生の皆さんは、自分が育ってきた18年余を振り返り、その間、この社会はどのようなものだった、と思われているでしょうか。皆さん自身は受験等今日を迎えるために多大なエネルギーを費やされたことでしょう。皆さんの努力だけでなく、ご家族の支援、そしてなによりも自然の恵みがあって、今日があることは言うまでもありません。

学部入学生のほとんどは１９９２年生まれで、皆さんが育ってきた時間は、しばしば「失われた20年」と表現されます。バブル経済の崩壊、日本経済、政治、教育改革は迷走の中にありました。ご家族にあっては、経済・企業環境の変化の中でご苦労のあった方も少なくないと思われます。皆さん自身も、いわゆる「ゆとり教育論争」と表現される教育改革の迷走の中での「学校生活」であったと思います。

しかし、我々は、皆さんが育ってきた時間は、「未来への萌芽（きざし）」を生み出してきた時間だと思います。大量生産、大量流通、大量消費への反省、画一化ではなく個性化を、過度な競争ではなく人々の絆と協同・協働を、など、本当の意味での人間的な豊かさの模索の20年でもあったのです。

そして今、我々が直面している震災は、これまでの豊かさ、その前提としての安全という人間の生存の基本を問い直し、これまでの新たな社会への「模索」ではなく、「創造」への決断を迫っています。

その意味では、皆さんのように過去の成功物語にとらわれない世代、「模索」の時代に育った世代こそ、過去を根本的に見直し、「未来の希望」を実現できる世代であると思います。

そうした期待をこめて、以下4つのことを伝えたいと思います。

第1は、まずは自分の人生の幸福とは何かについて、深く考えていただきたいのです。自分を考える、そして何が幸福なのかを考える、これを自分で考え、友人と語り合っていただきたいと思います。そして自分の幸福が、他者の幸福と通ずる生き方を確立していただきたいのです。

第2に、新たな環境の中での生活の不安、戸惑いについては、先輩、職員、教員にぜひ声をかけ相談してください。和歌山大学教員約300名と職員約200名、そして先輩学生は、皆さんの支援者です。誰に声をかけていいかわからないまま不安が大きくなった人は、後ほど紹介する宮西教授がいる保健管理センターを訪ねてください。和歌山大学の保健管理センターは、深い悩みを抱えた学生を支援してきた実績をもち、今広く注目されています。これは本日ご参加のご家族にもお伝えしておきたいことです。

第3は、和歌山大学における教育目的です。人間は本来個性的な存在です。自己の個性に気づき、それに誇りをもつことが大切です。そして、自己の個性を意識してこそ、自己とは違う他者の個性を認め、他者との協同が可能となるのです。こうした自己と他者を関係づけることのできる人間こそ、未来型であり、多様な文化、多様な歴史が交錯する世界の中で活躍できる国際型なのです。和歌山大学では、これを「人間になるための教育（the art of being a human ＝教養教育）」と表現し、その一環として本年度入学1年生より約３週間にわたりタイに派遣する「異文化・異世界体験学習プログラム」を実施します。

第４に、和歌山という地域で暮らし、地域と交流する喜び、地域に学ぶ価値を実感していただきたいと思います。和歌山という地域は、さまざまな困難を超えて地域づくりをしている住民の格闘があります。先生方も、地域の方と苦悩を共有し、地域づくり、教育文化形成に学生とともに参加しています。この中で学生は、若者を温かく育てようという人情あふれる多彩な人々と出会い、「日本語の通じる留学をしたようだ」というカルチャーショックも受けながら、成長しています。

和歌山大学では、本年度から、和歌山の農山村の農林業・地域づくりに教員・学生が参加し、研究し学ぶプロジェクト「和歌山大学型グリーンイノベーション研究教育プロジェクト〈仮称〉」を始めます。

異文化・異世界体験学習プログラム、農山村体験プログラムにぜひ積極的にチャレンジしてください。

壮行会——滋賀大学との伝統の「和滋戦」へ学生も学長も熱く

これらの学びと活動は、教員、職員、先輩学生、そして後援会というご家族の皆さんや元気なシニアの方々を含む同窓会、そして和歌山という地域、すなわちオール和歌山大学、オール和歌山が支えています。

こうした学びと活動を和歌山大学で積み重ね、震災後の日本の創りなおしの担い手になっていただきたいと思います。

皆さん、和歌山大学への入学本当におめでとう。改めてお祝いの気持ちをお伝えし、和歌山大学を代表しての歓迎の挨拶といたします。

和歌山大学のマスコット「わだにゃん」と

6

不安に抗し、学び続けるために

平成25年度卒業式式辞（2014年3月25日）

本日、学士の学位を得た918名の学部卒業生の皆さん、修士の学位を得た225名の大学院修士課程修了生の皆さん、博士の学位を得た6名の博士課程修了生並びに博士学位取得者の皆さん、そして11名の特別支援教育特別専攻科修了生の皆さん、卒業・修了おめでとうございます。御来賓の本学同窓会の萩平勲会長ならびに本学後援会の奥村博志会長、そして列席の理事・副学長、学部長とともにご卒業を心からお祝いいたします。あわせてご家族と関係者の皆さまにも、心からお慶びを申し上げます。

さて、本日卒業の学部卒業生の多くは、1年次年度末の2011年3月11日、東日本大震災を経験されました。3・11大震災は、皆さんの中に、どのように刻まれているでしょうか。

3・11大震災後、私自身すぐに思ったことは、個人として大学として、直ちに何かをしなければばならないということと同時に、被災者の方々の苦しみを真に共有するよう努力することが大事だということでした。とくに未来を背負う学生、若者に、現地に足を踏み入れ、まずは現地を知ることによって、自分が今なすべきことを考えると同時に、自らの未来・人生のテーマを発見してほしいと思ったのです。そして２０１１年、12年、13年と毎年本学からボランティアバスを派遣してきました。私自身も、３・11後の未来を考えるうえで、判断を誤ることがないように、機会があれば東北、とくにフクシマを訪ねるようにしています。

このボランティバスに参加した第１期生も、本日の卒業生の中にいます。そのうちの一人の学生と先日対話をしました。

彼は、震災が起こるまでは、趣味としてスポーツを楽しみ、自宅を離れての生活を満喫していたといいます。そして、３・11がなければ、そのままの生活で学生時代が終わったであろうと。しかし、震災後のいろいろなメッセージに接し（彼は、私が学生への講演で紹介した渡辺憲司・立教新座中学校・高等学校校長の「卒業式を中止した立教新座高校３年生諸君へ」（『それでもいまは、真っ白な帆を上げよう ―３・11東日本大震災後に発信された、学長からの感動メッセージ』旺文社２０１１年）での「海を見る自由」に触発されたという）、自分が満喫していた生活は、大学生としての自由の保障の中であったのだと気づいたといいます。そして、その自由を生かしているかと自らを問い直し、ボランティアバスに乗ったといいます。

その後、福島を含め繰り返し東北を訪ねているという彼に、卒業を控え、今は何を感じているかと聞きました。そうすると、「就職も決まり進路も決まったが、今、人生と時代への不安を、今までにない感じ方で感じている」と言い、そして「それに抗するためには、学び続けることしかないと思っている」と付け加えました。

彼は「学び続ける」というテーマを、人生の価値として発見したのだと思います。皆さんが在学したこの4年、大学は、教育のあり方を根本的に変えてきました。受動的な学びではなく、アクティブラーニング、プロジェクト・ベイスト・ラーニング、その拠点としての大学図書館の大改造——。

皆さんも、彼と同様、主体的な学び、答えのない問題への探求の姿勢、この意味と醍醐味を身につけられたでしょうか。これこそが、大学卒業の最大の意味だと言ってもいいでしょう。

彼との対話の最後に、彼から、「学長には不安はないですか」と問われました。そのときは、時間もなく、十分答えられませんでしたが、この式辞をまとめながら、彼との対話を思い起こし、そのとき彼の問いに正直に答えられなかった不誠実と、「私の深い不安」が身に迫ってきました。それは、彼が言った「不安に抗するためには、学び続けることしかない」、この「学び続ける」自由の危機、学び続ける自由を抑圧しようとする動きが、この日本社会にあること、そしてこの不安を彼の前で表明しなかったことです。

中沢啓治氏の古典的アニメ『はだしのゲン』の行政および民間団体による排斥、個人の行為とはいえ、これも古典的価値のある『アンネの日記』の破損、さらには社会思想家・内田樹氏や、社会学者・上野千鶴子氏の講演への行政権力の介入的態度。私が生きてきた65年の人生で、こうしたことが公然と行われ、かつ連続的に起こっていることは、驚くべきことです。

私は、昨年末の「特定秘密保護法」の制定に対して、これを、学びの自由への抑圧と捉え、その危惧を表明しておりました（２０１３年12月31日付毎日新聞）。

先の学生が言うように、学びは、不安から、そして好奇心から始まります。この学びの行き着く先は分からないのです。かつて治安維持法の時代、好奇心旺盛な学生が、旅で見た風景を語っただけで「スパイ」とされ、罰せられた歴史的事例もあるのです（上田誠吉『ある北大生の受難―国家秘密法の爪痕』花伝社刊２０１３年）。何が秘密かも知らされない特定秘密保護法は「どこに地雷が埋まっているか分からない」という恐れを抱かせ、何かを知ろうとする若者たちの意欲を萎縮させるものです。社会の要請である自発的な学びの意欲をもつ人材を育てることを阻害するような制度は、大学の経営を任されている者として容認することはできません。

そして、「学び続けること」の必要は、学生だけのものではありません。社会には多くの判断の違い、対立があります。それらの違い、対立を自由な学びの中で考え、自らの判断を形成し、社会・政治に参加していく、これが民主主義社会の姿です。市民に学習の自由が保障されてこそ、民主主義は成立するのです。

このことを、1985年第4回ユネスコ国際成人教育会議は、「学習権は、人類の生存にとって不可欠な道具である」「学習権は、経済発展のたんなる手段ではない。それは基本的権利のひとつとして認められなくてはならない。学習行為は、（中略）人間行為を出来事のなすがままにされる客体から、自分自身の歴史を創造する主体にかえていくものである」（1985年3月29日・第4回ユネスコ国際成人教育会議採択）と言っています。

この「学習権」が否定されようとしていること、これが私の市民として、学長として、また生涯学習の自由を研究してきた研究者としての「不安」の核心であり、すべてです。

そして、私自身が、皆さんの未来への義務としても、この動きに抗する責任を感じています。そして今こそ、その責任を果たすべきだと考えています。

それはなぜか。私はいま、1985年5月8日、第2次世界大戦でのドイツの敗戦40周年にあたっての西ドイツ国会でのヴァイツゼッカー大統領の演説の一節を思い出します。

ヴァイツゼッカー氏は、「後になって過去を変えたり、起こらなかったことにするわけにはまいりません。しかし、過去に目を閉ざす者は結局のところ現在にも盲目となります。非人間的な行為を刻もうとしない者は、またそうした危険に陥りやすいのです」と述べましたが、このドイツで、1945年の敗戦の直後に、ナチスの支配を許したドイツの反省を、ある牧師が語った有名な回顧があります。

「ナチ党が共産主義者を攻撃したとき、私は自分が多少不安だったが、共産主義者でなかったから何もしなかった。ついでナチ党は社会民主主義者を攻撃した。私は前よりも不安だったが何もしなかった。ついで学校が、新聞が、ユダヤ人等々が攻撃された。私はずっと不安だったが、まだ何もしなかった。ナチ党はついに教会を攻撃した。私は牧師だったから行動した……しかし、それは遅すぎた」（マルティン・ニーメラー牧師）【M・マイヤー著・田中浩・金井和子訳『彼らは自由だと思っていた―元ナチ党員十人の思想と行動』未来社１９６３年初版刊行】と。

この牧師の回顧にならうならば、ある書籍が排斥された、そのとき多少不安だった、でも何もしなかった。ある研究者が排斥された。前よりも不安だったが何もしなかった。そしてついに……ということになりかねないのです。

皆さんの未来にとって、そして大学、社会の未来にとって、〈学び続ける自由〉こそ重要であり、民主主義の根幹です。日本社会においての最高学府で、学ぶことの価値と意味を体験した皆さんには、それを行動で体現し、それを阻害するものに抗していただきたいと思います。

ヴァイツゼッカー氏は、先の講演の最後に、「ヒトラーはいつも、偏見と敵意と憎悪を掻きたてつづけることに腐心しておりました。若い人たちにお願いしたい。他の人びとに対する敵意や憎悪に駆り立てられることのないようにしていただきたい」「若い人たちは、たがいに敵対する

のではなく、たがいに手をとり合って生きていくことを学んでいただきたい」と言い、次のように締めくくっています。

「民主的に選ばれたわれわれ政治家にも、このことを肝に銘じさせてくれる諸君であってほしい。そして範をしめしてほしい」と（永井清彦編訳『言葉の力 ヴァイツゼッカー演説集』岩波書店 ２００９年刊）。

私も、皆さんが、そうあることを願っています。

式辞の終わりにあたり、私は本学が発信している「和歌山大学は、生涯あなたの人生を応援します」というメッセージ通り、教職員は勿論のこと全国各地にいる同窓会の諸先輩方とともに、卒業後も皆さんを応援することを、とりわけ〈学び続けること〉を応援することを重ねてお伝えし、式辞といたします。

第2章

ダメな親でもいいじゃないか

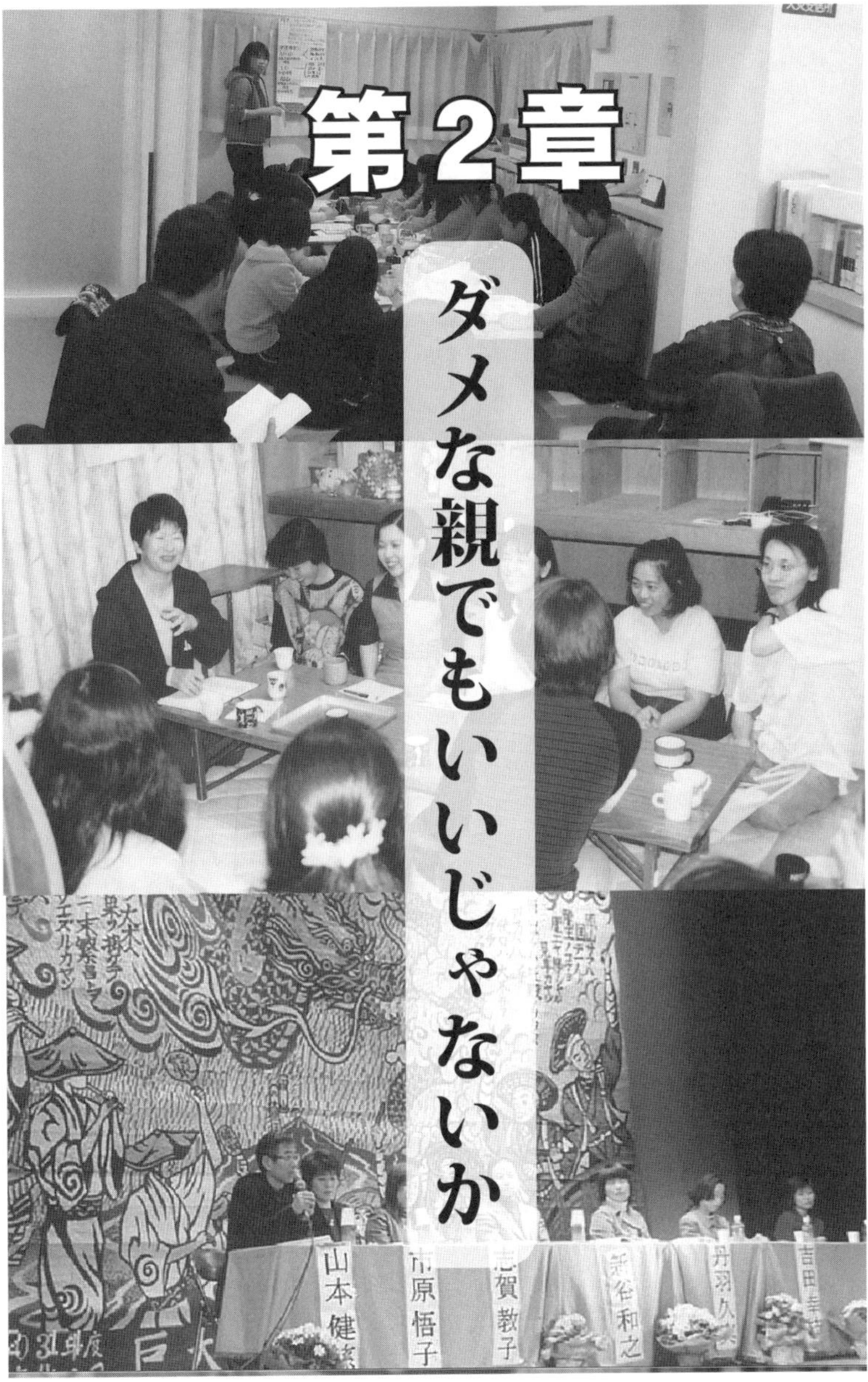

日本教育新聞社『ＰＴＡと子育て』（１９９９年）より

ダメな親でもいいじゃないか

トラブルは自己紹介。トラブルを栄養に「ヘルプ」を言いあい、子どもと一緒に大人が育つ人間関係を。そこで欠かせないのが情報の公開・交流

1．保護者も成長する保育所

私は社会教育論や生涯学習論が専門ですが、10年程前から子どもの保育所入所をきっかけに、就学前教育にも関わるようになりました。大阪府泉南郡熊取町にある私たちのアトム共同保育所は、親と保母・職員が協同で運営していく保育所で、私はボランティアの所長をしています。

社会教育から就学前教育へ

保育所は就学前、５、６年間の生活と教育の施設。これまでにも保育や就学前の教育について、すぐれた理論もあったし、実践もあったと思うけれど、私は「就学前教育が長ければ、いい子どもが育つ」とはあまり考えていませんでした。むしろ、社会教育、大人・成人の教育をやっているので、あとの人生のほうが長い。いい保育所を一生懸命つくって、そこで一生懸命頑張って、それで何かいい保育をやったから、子どものあとの人生が順調にいくとは思わなかったのです。そんなに保育所に対する期待はもっていませんでした。

社会教育の場で子育て中のお母さんたちの学習に付き合ってきたのですが、その付き合いは学習場面だけしか見ていないわけです。ところが保育所では、親が子どもを支え、育てている生活すべてが見えるのです。だから、子育てをしているお母さんたちが仕事で悩んでいたり、あるいは、家庭を支えるということで悩んでいたり、その上で子どものことでいろいろ不安をもっているのです。

お母さんたちは保育所の運営に参加したり、子どものことで悩んだり、話しあったりしながら、あるいは、お母さんの要求、家族の要求と保育所のあり方についての矛盾を経験しながら、親として成長していく。それから保育所を運営したり、地域のことを考えたりして、市民として成長するという姿を見て、大人が教育の問題を通して、どのようにして親になっていくのか、また、自分の子育てを通して地域の中で生きる市民としての能力を身に付けていくのかといったところが、社会教育の場で見ていたのとは全く違ったリアリティをもって見えてきたのです。子育てをしている最前線の女性とかお母さんが、リアリティをもって見えてきたのです。

私は、その風景をみて保母さんたちに「保育所では親たちも成長している。すごく重要なことをやっているじゃないか。意味があるじゃないか」と言い続けたのです。そうすると保母さんたちは、子どもの成長を支えているという点では、それなりに自分たちも一生懸命やってきたという意識はあったと思うけれど、それだけでなく、親たちもここで悩みを話しあったり、いろんな知恵を出しあい、ほかの家族の経験を自分の家族に取り入れることによって問題を解決したり、大人として、市民として成長していく手助けを保育所はしている、そういう仕事のひとつを自分たちが担っているという、新しい視点に気付いたようです。

共同保育所の経営主体は運営委員会で、保母とクラスの保護者の代表が委員になって運営するのです。長男を預けたとき、私に運営委員長をやってほしいという話があり、引き受けたときに考えたのは、何とか地域のコンセンサスも得て、この保育所が安定的に継続的に財政的にも支えられるようにすることが市民の責任だろうということです。それで、長男の卒所後も、今日までボランティアで所長を続けているわけです。

「群れ」のある保育所づくり

アトム共同保育所が目指すことは、大人、親にかかわること、もうひとつは子どもの保育にかかわること、この2点があります。

ひとつ目は、保育所は親が子どもを通して初めて出会う生活上の切実な社会組織になるということです。非常に早い人は、産休明け、子どもが生まれて40、50日目から経験するわけです。親になる人は10代の若年から40代で初めて経験する人など、かなり幅はあるけれども、子どもを媒介にして成り立つ保育所、そして将来は学校という社会組織にどういうふうに参加するか、その訓練のための施設として保育所は非常に大切だと思っています。あるシンポジウムでも言ったのですが、この点がいま保育所や幼稚園など就学前施設が見落とし、最も欠落させているところだと思っています。むしろ逆に、保育所とか幼稚園が、ますます社会組織と付き合う能力を親から奪うような運営システムになっているのではないか。それは強調しておかなくてはいけないと思います。ここはあとで詳しく説明します。

2つ目は、子どもの保育内容として、一番重要なのは「子どもに群れのある生活を」ということです。ところが、いまの子どもには「群れ」がない。動物のひとつの種としてヒトがあるのですが、結局、動物としてというか、人としての基本的な能力が育てられる場が全然ない。人間というのは基本的に集団をなして生活をしている。つまり、自分以外の他者と、それも大勢の他者とともに共存しなければいけない。そのときには、他者と付き合う能力をもっていなければいけないわけです。

ところが、いまの子どもは小さい単位としての家族の中で、それも多くの場合は親だけという単数の大人との関係で、非常に狭い世界の中に育っているのです。「母子カプセル」といった言葉もあるくらいで、ほとんど、そういう時間で占められています。

したがって、子ども同士でぶつかり合うこともなければ、親と違う大人と出会うこともない。そうすると、複数の大人、複数の子どもとぶつかって、自分とは違う存在と衝突して気付いていく、うまく関係をつくって折り合うといった力を生活の中で身に付けることができないわけです。それは、「人が人間として生きる上で最も基本的な生活を失っている」ということで、私は、それが一番重要なことだと思っています。ここを何とかしなければいけないのです。

そう考えたとき、幸いなことに、これまでの人間は「保育に欠ける」というひとつの見方から、「子どもをひとつの場に集めて社会的な子育てをしよう」というシステム、保育所を作ってきたのです。子どもたちは、非常に小さな家族という単位から、つまり、親から離れて初めて群れのある保育所なり幼稚園に来るわけです。数十年前までは大きな家族のなかで、あるいは非常に多様な人間関係が展開する地域のなかで経験をしてきたことが、現代では保育所という人間の知恵が作り出した社会組織のなかで再現されうるのです。今日、失われた経験を社会的な組織である保育所で経験させることが一番重要ではないかと思うのです。つまり、「群れを経験させる保育所づくり」が重要ではないかと思い、アトム共同保育所もそういうことを中心にやっています。

群れがあるというのを、もう少し教育学的にというか、教育論的に言うと、群れがあると必ず衝突が起こります。衝突が起こると、自分とは違う他者を意識せざるを得ません。自分とは違う他者がいて、そして自分というものを意識すると、自分と他者とのコミュニケーションの方法をもたなければ、自分というものを他者に認めてもらうことができません。

例えば、小さいころだったらすべてが自分の世界だから、自分の好きなおもちゃを人がもっていると、そのおもちゃを取りにいく、これはいいとか悪いとかではなくて、彼自身の欲求がさせているのです。でも相手にも自分の欲求があるから、そこで衝突が起こります。しかし、おもちゃはひとつしかないから折り合いを付けなければいけなくなります。

自分の欲求を伝えるためにどうしたらいいかということを、言葉とか表情とかいろんなスキルを自分で見つけなければいけませんね。コミュニケーションの方法を見つけなければいけないわけで、それとともに、いまは自分が我慢して相手に譲るとか、あるいは逆に相手に譲ってもらって自分が先に手にし、その次に相手に譲るとか、そこでコミュニケーションのみならず、人間関係の能力を身に付けていくことができるのです。自己抑制の力も付いていきます。

「ケンカを止めない、自己主張をたっぷりやらせる」ということでアトム共同保育所が知られるようになると、「それはわがままを許すのではないか」と、今度は逆に質問されます。しかし、これは大人の観念的な議論です。実際の子ども同士の群れの中で自己主張をするというのは生易しいものではありません。大人（保母）があまり介入しないだけに非常に厳しいものです。毎日そういう生活をしていると、わがままな子は受け入れられません。必ず排斥されるのです。

みんなに表現力が付いてきますから、手厳しい批判を浴びることになるのです。そうすると非常につらいものがあります。そこで、大人が「何でそうなっているんだろう」と介入し、互いに自分のことを振り返えるのです。他者に受け入れられない部分は反省したり、折り合わせたり、そういう力が、このような毎日のやりとりのなかで育ってくるのです。

ある時、5歳児のクラスで3人の子どもが、他の子どもの生活にとって迷惑なことをつづけるので、「勝手組、クラスから出て行ってくれ」と言われて、しぶしぶ2日も3日も別行動をさせられて、受け入れてもらえないで暮らすということがありました。

トラブルをチャンスにする

そういう時に、保護者とどう協同するかが一番重要です。アトム共同保育所では、保育所での生活の場面はほとんど公開されています。日々の出来事は、毎日毎日連絡帳で、詳細に、とくに

トラブル場面は伝えられているし、それはいいことも悪いこともほとんど包み隠さず書くシステムになっています。

毎月、『アトムっ子』という冊子が出されていて、保母さんの保育の失敗も含めて、あるいは、トラブルが解決できなかったことも含めて全部公開されています。また、2カ月に1回はクラス懇談会が行われて、そこで肝心なテーマについて親とともに議論をするという方法を取っています。

さきの3人の子どもが大変わがままで、ほかの子どもが受け入れない。だから、出ていってくれと言われている。クラスから外れて生活せざるを得ないという問題も、そういう状況を保護者に公開して、保護者には「どういうふうにすれば一番いいでしょうか」と話します。保母としては「とりあえず3人はクラスから出し、自分たちがやってきたことを考えさせるようにしました。どうでしょうか」というような考えも含めて、フィードバックしていくのです。

保護者もいろいろ考えるわけです。わが子がかわいいから、「かわいそうだ」というのもあるけれども、しかし、これまでの経験で自分の子どもの課題についてだんだん認識が生まれているので、「ここは子どもにも保母さんにも踏ん張ってもらって、子どものわがままを抑えるようなトレーニングもしっかりやってほしい。イヤな思いをする体験も必要だ」という声もかえってくるわけです。

いま、多くの保育所・幼稚園は非常に管理的になっています。けがをさせたり、子どもにみじめな思いをさせたりすると、保護者からクレームが付きます。クレームというのはものの捉え方、考え方が違うことから生ずるので、お互いの一致した認識をつくるためにとても重要なことだと思います。

そのクレームをひとつのテコにしてお互いの違いとか、これからどうしたらいいのかという知恵を出し合う場にしないで、とにかくクレームがあれば、それを「ないように、ないように」もっていくとしたら、トラブルを避けてしまうわけですから、お互いの感情の溝は埋まりません。そこで関係を断ち切ってしまえば、お互いに新しい発展は得られないことになってしまいます。その結果、子どもたちにとって貴重な体験がどんどん奪われてしまうのです。

アトム共同保育所では、そういうトラブルは毎日のように起こるけれど、トラブルこそお互いのものの捉え方、考え方が違うということが端的に証明されるチャンスなのです。

　そのときに、「なぜ、けしからんと思いますか」あるいは「なぜ、いいことだったか」ということを大人同士が突き合わせて、違いが分かると同時に、じゃどうすればいいのか、というふうに考えることができるので、子どもたち同士のトラブルを気長に見守ることができる、ということになってきたのです。

保護者との協同に欠かせない全面的な情報公開と参加

　保護者と協同するために一番重要なこと、必須なのが情報公開だということについて、事例をもうひとつ紹介します。これはアトム共同保育所以外の方はびっくりされるかもしれないけれど、子どもがあまりにも身勝手なときには、保母がクラスから逃亡することもあるのです。「君たちとは付き合っていられない」と言って。もちろん、ほかにも保母はたくさんいますので、ほかの保母が見守っているのですけど。トラブルをむしろ大きくして、子どもたちみんなに考えさせようとするのです。それを保護者に公開しますと、「そんなことはけしからん」とか「責任放棄だ」とか「もっと違うやり方があるだろう」とか、当然疑問や怒りの声も出ます。

　なかでも、一番驚いたと反応するのは学校教員の保護者です。学校の先生はそんなことを考えたこともないからでしょうか、「責任放棄でプロとして失格だ」といった反応が起きます。もちろん、こうした見方も非常に重要なので、間違っているわけではありません。

こうしたトラブルも、そのトラブルを「こういう捉え方がありました」というのを突き合わせて、「この場面はどうしたらいいでしょうか」と保母と保護者で意見交換をします。「保母は、あくまで感情を抑えて子どもと付き合うほうがいいのか。それとも、保母も一人の人間だから、ここはあらわに感情を表現して、我慢できないというふうにしたほうがいいのか」と。何が成功で何が失敗かよく分からないわけですが、常に情報が公開されているので、保護者は意見が言えるし、自分とは異なった意見もあるということを同時に認識できるのです。そのなかで、自分の家族の事情とか考え方を反映しながら、他の人の事情や考え方とも折り合いを付けて、親も「子どもを育てるということは、どういうことか」を見つけていくのです。情報の公開によって保護者同士、保護者と保母との協同が成り立っていくのだと思います。

ある新聞に半年間、アトム共同保育所の実践エピソードを連載したときに、担当記者が「アトム保育所が、単なる保育の関係者だけではなく、社会科学をやっている人とか、いろんなことを考えている人に関心をもたれるのは、ここには全面的な情報公開と全面的な参加のシステムがあるということが、その理由ではないか」「日本の社会は責任追及型コミュニティになっていて、にっちもさっちもいかないところがあるけれど、アトム保育所は問題解決型コミュニティになっているというのが、おそらく一番注目されるところではないか」と言ったのが、非常に印象的でした。

2．子育てとまちづくり

私は、社会教育という専門の立場から、自治体のまちづくりの計画の策定にも参画しています。そのため、子育てを考える際にも、親子関係だけでなく、学校や地域社会との連携も含めた視点が入ってきます。

子育てはマニュアル対応ではできない応用問題

いまの子育てが一番大変なのは、「家族だけで子育てをしている人類史上初めての時代」だからだと思います。また、「子育ては家族だけに押しつけられている時代でもある」と思うのです。私はボランティアなので日ごろはあまり保育所にいないのですが、たまたまいるときに、あるご夫婦が来られて、お父さんが器用に子どもの面倒をみているから、何気なく「お父さん、子どもを扱うのが上手だね」と言ったら、お母さんが私のほうをキッと向いて「私は子どもが嫌いだから、預けに来たんです」と、びっくりするような勢いで言って、ああそうなのかと思いました。

そこで「お母さんすごいね。そんなことが正直に言えて。正直に言えないで苦しんでいるお母さんがいっぱいいるからね」と言ったことがあります。「好きでもないのに、好きと思わなくてはいけない」というので苦しんで、虐待をする人もいっぱいいるわけで、そのお母さんは「私は子ども扱いが下手だから、好きになれない。仕事をやったほうがうまくいくだろう。だから、保育所に預けて夫にも頼って生活していこう」と思ったのでしょう。彼女は本質的に子どもが嫌いでもない。いまでは明るくやっています。そういうふうに自分というものが分かっていて、無理をしないから、また明るくやれるのだと思います。

もうひとつ、いまの世代はマニュアルで育った世代です。ボタンひとつ押せば何でもできる。試験と言えば、1＋1＝2がちゃんとできるように繰り返しトレーニングをされた世代で、答えのある問題しかやったことがない。自分で工夫して物事を処理した経験がないのです。そういう意味で言うと、器用さみたいなものが衰弱している。そして答えはひとつであり、必ず正解があると信じている。かつ、そういう人たちが孤立している。こうなったら、子育てがしんどくないわけがないし、しんどくなるのが当たり前なのです。

私の言い方をすれば「いまの若い世代は子育てというものに直面して初めて、生活の中の応用問題に直面する。それも人生でもっとも難解な応用問題のひとつに」です。仕事というのは確かに応用の面があるけれど、創造的な仕事をしない限りは仕事のほとんどは結局マニュアルです。上司が部下に教えるし、前任者のやり方があるし、データマニュアルがある。業務の失敗は業務上過失であって、人格上の過失とは言わない。やはり、人格上と業務上とは別に考えられているわけです。ところが子育ては業務ではないから、結局自分を責めざるを得ない。子育てという最も難しい応用問題に初めて直面するのに、器用さが衰弱しているなかにあっては、「子育てはとても大変」ということは当然だと思います。

うまくいかないときに何をするかというと、結局マニュアルを探すことになりますし、子育て情報誌みたいなものがたくさん出ています。しかし、子育てというのは個別の事情で展開するから、いくらマニュアルを見てもうまくいきません。マニュアルを見てうまくいかないと、カウンセリングにかかる、専門家に相談することになったりします。

しかし私は、「子育て支援は人生の支援であり、24時間の支援である」と思うのです。相談機関の専門家などは24時間寄り添ってその人を支援していくわけではなく、ある局面を見てアドバイスしてくれるのです。だから、アドバイスされても応用能力がないと、そのアドバイスが生かせません。うまくいかないわけです。情報誌を見てもうまくいかない、専門家にアドバイスをされてもうまくいかない、となると、結局「それができない自分がだめな人間」ということになってしまうので、余計に自分を責めていくことになります。だから、そのような親をどう支えるかが、いま一番肝心な問題だと思います。

そこで、支援の内容とかシステムの問題を見直す必要があると思うのです。いまの幼稚園や保育所の動向で危惧されることは、個別の商品を設定していて、「うちはコンピュータができます」「うちは英語ができます」「うちはお絵描きが上手になります」、あるいは「うちは体操に力を入れています」と、子どもの個別能力を身に付けさせることを強調しているのです。お迎えに来たバスに乗ると、個別能力のトレーニングをしてくれる。それで発表会みたいなものがあって、親に仕上がり具合を時々見せてくれる。親はどう思うかというと、発表会を見せてくれたときには、「うちの子は絵が上手になったけれども、体操が下手なの」などと、「できる・できない」だけをひとつの仕上がった〝商品〟として見てしまいがちになっているのです。

子育て支援は人生の支援

ところが、子どもの内面の成長を考えたとき、個別能力のトレーニングの体験だけで育っているのでしょうか。あるいは、自分の内面を意識する人間として育っているのでしょうか。例えば、「ぼくは絵がうまく描けないけれど、一生懸命やっているのに」とか、「一生懸命していると褒められているけど、わたしは楽しくなくて苦しいんだ」「上手に描けていると褒めてくれるけど、わたしは絵をなかなか好きになれない」、あるいは「ぼくはこういう時に悲しくて、こういう時にうれしいんだ」といった情報は全部カットされているわけです。「できた子」や「できたところ」しか注目されない、できなかった心のうちは分かってもらえないし、伝えてくれないのです。

もちろん、保育所や幼稚園の生活場面では、いろいろと子どもたちは表現していると思います。保母さんたちは、「この子はこういうものの感じ方をしているんだな」とか、「これは楽しそうだけれども、これはそうじゃないな」とか気づいているでしょう。

ところが、その情報は全部カットされて「上手になりました」「ここはまだまだ上手ではありません」といった仕上がりの商品だけが見せられるのです。そうすると子どもは、「先生は自分の内面の感情の動きというものに関心を払ってくれないで、できた・できないというところでぼくを見ている」と思うわけです。結局、「大人から見られるぼく、仲間から見られるわたし」だけしか意識できなくなるわけですから、「自分自身でこれができる、あれができる」といった自己認識を自分に定着させてきて、「ぼくはこれが悲しい」「わたしはこれは好みじゃない」、あるいは「ぼくは腹が立つ」といった感情のレベルは抑えがちになります。

そうした日々が続くと、感情が動かない、自分自身の内面の動きに気付かない存在になっていく可能性があると思います。

一番重要なはずの、わが子の本質をもっとも理解して、これからの人生に同伴していくべき親に対しても、子どもの本質的な情報がカットされています。外から評価した個別能力だけの情報が与えられるため、「うちの子はこれがうまくできる○○ちゃん」「うちの子はこれができない○○ちゃん」といった、本質のまわりの、側面の情報だけが親に与えられているのです。

「この子はこういうものの感じ方をしたり、こういう気持ちのもち方をしたりする人間なので、こういう場面では、こういうふうにしてものを感じる人間だろうな」といった、感情レベルのコミュニケーションができない、あるいは理解できない親子関係になっています。子どもも自分自身をそういうふうに意識化していないので、その部分が表現できない存在になっているように思います。

親子の本質的なところでのコミュニケーションは、子どもという個の人間の理解がなければとれなくなってしまいます。伝わったという実感がもてないわけです。そのコミュニケーションの基礎になる自分の子どもの情報――自分の子どもがどんな人間なのか(「できる」「できない」の部分を除いた部分)――を親が理解していないということになってしまいます。一方で親は、自分自身が「できた・できない」という時代に育ち、生きてきた体験から、何とか早くできるようにさせてやりたいという、自分の人生を反映した筋道が身についているため、子どもの内面の動き、心の動きが見えなくても何かできていれば安心するのです。そういうことになっているのではないでしょうか。

だから、これから子どもたちにとって重要なことは、自分はどういう人間であるか、自分はどういう気持ちの動き方をして、どんなところは嫌で、どんなところはうれしくて、嫌なところでもここまでは耐えられて、ここからは耐えられない、その時には、このことをどのように自分の仲間や親に表現するかという能力をつけること。

そして親も、子どもが抱えるトラブルを子どもの心の動きとして理解できる能力を身につけるような場をもつ必要があるのではないかと思います。

子どもの自己認識をどう育てるか！

就学前の子どもと家族について知っておくだけでも、小学校の先生の負担は減ると思うのです。そこに気づき始めた先生もおられます。以前、滋賀県近江八幡市のある地域から小学校の校長先生はじめ保育所長さんまでが、アトム共同保育所を見に来たことがありました。ちょうど就学間近の１月だったので、子どもたちも小学校に興味や不安をもっていると思って、彼らに「小学校の先生も来ているから、小学校に行って心配なことを聞きなさい」と言いましたら、ある子が「学校に行って、最初に何をしたらいいの?」と聞いたのです。

その子は先生の顔を見ながら、理解してくれていないと思ったようで、「毎日毎日学校へ行って最初にどこに行って、何をしたらいいの?」と聞き直しました。それでも分かってもらえないと思ったようで、さらに「何をしていいか分からないときには、何をしたらいいの?」と聞いているのですね。

この子は場所見知りといいますか、新しい状況に対して非常に不適応な子どもです。例えば散歩に行くと、公園であっても初めてのところだと、まずみんなが何をするのか、自分は何をしていいのかなと緊張し、体が固まる子どももなんです。その子はそういう自己認識をもっているわけです。ですから、学校というところを想像して心配なんですね。

学校という知らないところに行って、教室もいっぱいありそうだし、トイレもどこにあるか分からないし、お茶を飲みたいときはどこに行っていいか分からない。それで頭がいっぱいだから、「最初に学校に行って、何をしたらいいか分からない」。まだ頭の中のコンピュータにデータが入っていないものですから、それが心配でしょうがない。それを一生懸命聞いていたのです。

また、ある子は「小学校は椅子に座っていなければいけないらしいけれど、チョロチョロしたくなったときにはどうしたらいいの?」と聞いたのです。これも見事な質問だなと思いました。保育所では40何分間も座りませんが、それでもけっこうミーティング、話し合いをやったり、先生の話を聞くこともあるので、じっとしなくてはいけない時間もあります。しかし、それに耐えられないですぐチョロチョロするから、しょっちゅう注意されている子どもです。それが自分の自己認識としてある。その自分が学校へ行くシミュレーションをやってみたら、「もっと長く座っていないといけない。そのときにぼくはずっと座っていられそうもないけれど、どうしたらいいのか」ということが頭にあるわけです。

それに対する小学校の先生の答え方も見事だった。「チョロチョロしたいなと思ったら、すぐしてはだめよ。まず手を挙げて、チョロチョロしたくなったんだけれど、どうしたらいいでしょうかと聞きなさい。そしたら先生は、君だけじゃなくて、ほかの子もそうだなと思ったら、ちょっと一休みしようかと言うかもしれないし、もう5分で終わるんだったら、5分間だけ、そのままにしていてねと言うかもしれないので、勝手にチョロチョロしないで、まず自分の気持ちをおっしゃい。そしたら、先生は分かってくれるよ」と。

あとで見学の先生たちが「こんな1年生は見たことがない。自己認識というか、こんな場面で自分はこうなんだろうというときに、それを言葉にして大人に伝えられる力をもっている子どもに初めて会った」と言っていました。

子どもの自己認識の力というのは、5歳児にもなると相当なものです。だけど、残念なことは、いまそのことについての関心というものを多くの親は払っていないし、就学前の施設もそこには関心を払わなくて、本当にパッと目立つような能力にばかり関心を払っている。結局「親がわが子を見失い、子どもが自分を見失うという人生の5年間」になるのか、「親はわが子の姿・特質を見極め、子どもも自分を知り、自分を表現できる、そのような人生の5年間」で随分違うと思います。

だから、子育て支援とは、人生の最初の5年間や6年間に親子に対して、そういう時間を保証するというか、支援するということが一番重要です。

トラブルを栄養にする

保育所は、そのような支援ができる可能性があるところなのです。しかし在宅の子育てには、結局、親子に対する支援がまだ届いていない。ほんとうに孤独な母親が、孤立した家族で子育てしているのに放置されている。孤立した子育ては大変だというので、ようやく最近、お母さんたち自身が子育てのサークルをつくったり、あるいは保健所や公民館などで、いろいろな社会的支援も生まれ、子育てのサークルが広がっています。

ところが、いまの親の世代のサークルというのはなかなか難しいところがあって、サークルをつくるのは早いけれども、一方では人間関係のトラブルに弱いので壊れるのも早いのです。壊れ方はいろいろありますが、特に多いのが子ども同士のケンカで大人同士がトラブルになる。子どもというのは集まれば必ずトラブルを起こします。トラブルの内容は、力の強い子が弱い子を突き倒すかもしれないし、利にさとい子は相手のもっている物を取り上げるかもしれない。そのなかで、子どもの力関係のようなことがはっきりしてきます。弱い子の親は「あんな子どものいるところには連れて行きたくない」となり、強い子の親は「自分の子どもはチョッカイを出して泣かせてしまうので、私の子育てがまずいと思われているんじゃないか」と思って、そういうところに出て行けなくなったりします。

保育所でも同様のトラブルはあるけれど、親にとって生活上切実なところだし、子ども同士のトラブルを第三者の保母さんが、媒介し、行き違いは「通訳」するので、そのトラブルを栄養にして、大人の人間関係の発展のきっかけになるのです。地域の子育てサークルの場合は、コーディネートする能力のあるリーダーがいなければ、すぐ解体します。子育てのサークルというのは生まれるけれど、なかなか安定的に続かないのが現状です。

小児・児童精神医学者である服部祥子さんや原田正文さんや私などが立ち上げた「こころの子育てインターねっと関西」という子育て支援組織は、そういう脆弱な子育てのサークルを安定的に展開させるために、お母さんの中からしっかりしたリーダーを育てるとか、あるいは、そういうリーダーの苦悩を支えてあげるような勉強を継続させようということでできたのです。大阪・貝塚市では子育てサークルがネットワークをつくり多彩な活動を展開していますが、そこには公民館というひとつの公的な支援が軸にあって、専門職、公民館の職員が、そういうトラブルに介入したり調整したり、通訳したりすることによって、大人のコミュニケーションを円滑にしたり、コミュニケーション能力を高めるといった支援をしています。だから保育所でも、子育てサークルでもいいけれど、その中で大人が育つような、子育て支援の地域のシステムが大切なのです。

まちづくりへの切実な課題として、子育てのサークルというものが、まだなかなか捉えられていないと思います。最近、地方版のエンジェルプラン・子育て支援の自治体計画策定が行われていますが、形式的なものになりがちで、本当の意味で、切実に若いお母さんの孤立した苦しみを理解してつくっていないように思います。社会的支援というおおげさなものじゃなくてもいいのです。お母さんたちは、孤立しているが故に、悩みが深くなっているので、集える場所の提供、公民館の場所を提供するとか、いまある場所を開放するだけでも心強い支援になると思います。

これからまちづくりをやろうとする場合には、安心できる子育ての状況をつくることが非常に切実になってくると思います。

3.「ヘルプ」と言える環境づくりを

人間関係が希薄化し、助け合うことができなくなった現代社会にあって、学校を拠点としたサークルをつくり、真の人間関係をつくることが重要です。私は、それを「ヘルプ」といえる環境と呼んでいます。

「ヘルプ」が言えない現代人

いまの若いお母さんたちは、「ヘルプ」と言わなくてはいけない状況でも、「ヘルプ」と言いません。それは言った経験のない人が多いからです。日本の社会では、サービスはお金で売買するものというのが通常の感覚になっていて、教育でも保育でも必要なサービスはお金を払って買うのは当然という意識になってきています。だから、人に助けてもらうよりも、同じサービスが売られているのなら買ったほうが気楽。他人の世話になるよりも代価を払ったほうがいい。要するに、商品というモノをやりとりするシステムの中でやっている、そんな感覚があります。

もうひとつ、いまの親の世代は、学校が競争社会のシステムに完全に組み込まれた時代に育ったので、他人に支えられた喜びも、他者を支えた喜びも経験していない世代です。他人に助けてもらって「ありがとう」と言ったこともないし、他人を支えて「ありがとう」と言われたこともない。これが、生活の中では一番マイナスの経験だと思います。子育てという初めての応用問題で深刻な問題に直面したときに、「助けてくれ」と言えないという状況ではないかなと思います。ヘルプしたことのない人は、人をヘルプしないし、ヘルプされたことのない人は「ヘルプして」と言えないのです。

最近、アトム共同保育所でもお母さんから「子どもの虐待をしそうなので相談に乗ってくれ」という「ヘルプ」の要請がありました。上の子が3歳で、下の子が1歳、下の子がちょうど動き始めたので、下の子に手がかかり、一方で上の子は勝手に動く範囲が広くなる時期。ところが、上の子はなかなか言うことを聞いてくれないし、彼女も不器用らしくて2人の面倒が見切れない。

それで、どんどんエスカレートして、上の子を虐待してしまう。何とかできないだろうかということで来たのです。

それで、どちらかを預かってあげてもいい、でも保育料も大変だろうから、入所させなくても、親子で遊びに来てはどうですかと言いました。でもお母さんは、車が運転できないので2人は連れて来られないから、上の子を入所させたいと言います。しかし、お父さんは朝送りに来ることはできるけれど、残業があって迎えに来る時間がないということで、送迎の問題が出てきました。

そこで、「そしたら上の子を迎えに来るときに下の子をだれかに預けて、お母さんが自転車で上の子を迎えに来る。近所に助けてもらう人を探すとか、いろいろなことで乗り切る方法もあるよ」とアドバイスしたのです。近所に子どもをアトム共同保育所に預けている家族がいるので、「帰りはその家族に連れて帰ってもらうということだってできるよ」と話したら、「隣近所に迷惑をかけては、そこでは住んでいけない」とこわばった表情で話すのです。

「地域」は家族間の協同の蓄積

保育所には「ヘルプ」と言って来ているのですが、それは、彼らの意識では社会的なサービスを買うと思って来ているのです。ところが、それをうまくやるためにご近所の助けをお願いするというヘルプは、自分ではできないという意識があるのです。これは、地域における支え合うと

か助けるという環境が完全に崩壊していることを表していると思います。隣近所に迷惑をかけるとか、お互い迷惑をかけながら支え合うとか、そういう考えには立てない。そんな経験がないわけです。だから、お世話になるということはお金を払うことで、お金を払っている人には注文もできるし、関係がもてるけれども、お金を払わない人とは関係がもてない、というようになっているのではないでしょうか。

大事なことなので繰り返しますが、なぜ「ヘルプ」と言えないのかというと、「ヘルプ」と言った経験がないからです。あるいは、自分が「ヘルプ」して、相手に喜ばれたという経験がないという状況なのです。

「ヘルプ」が言える関係をつくるために、いままで私は「地域」という言葉をよく使ってきました。「家庭と地域を結ぶ」とか「地域の人と地域づくりをして、地域の人間関係の蓄積が大切なんだ」というようなことをよく言っていたのですが、最近分かってきたのは「地域という言葉を使っても、若い世代の人には何も分からない」ということです。

子育てのサークルの中で話をしていて「地域という言葉は知っています。だけど、地域というのは見たことも触れたこともない」と言われたことがあります。「どうしてですか」と言ったら、30歳前後のお母さんでしたが、「自分はずっとマンションで育って、そのマンションの中ではつながりもなかったし、マンションの周辺のいろんな場にも出て行かなかった。マンションを転々として暮らす家族の中に育ったので、地域という概念は知っていたし、言葉も知っているけれども、地域といっても人の触れ合いの感覚は全然ない」と言うのです。だから、「地域」というと、何かお祭りがあるとかイベントがあるとか、そのイメージしかないのです。それと「地域」というと、「お隣りさんとも仲良くしなければいけないということなんですね」という話になるのです。隣りというと、一番難しい関係ですから、まずくなったら住んでいられない、一番難しい地域がお隣りになるわけです。

最近よく言っているのは、「家族間の協同の蓄積・累積が地域である」ということです。例えば保育所でいえば、子どもは群れの日々を積み重ねる、親同士も、自分や子どものトラブルを経験しながら、同じ地域に住んでいる家族が、お互いの家族の自己紹介を重ね合わせて、そしてそれぞれの家族の特徴を理解し、自分の家族とは違う家族の個性も理解し、それで結び付きができていくのです。端的に説明すると、自分の家族はこのトラブルには弱いけれど、この家族に支えられると、きっと助けられるだろうという家族の発見ができていく、ということです。

子育てのサークルで、それぞれの母と子だけの集まりではなく、そこに父親が参加するとか、あるいは家族同士のつながりができることによって、隣近所ではないけれど、自分の子育てとか生活をお互いに支え合えるような家族の結び付きみたいなものができていく、それを「家族間協同」と考えています。

学校を子育てサークルの拠点に

だから、保育所とか子育てのサークルで出会った家族同士がいろいろ助け合い、友人の付き合いを蓄積していく。その家族が、また別の家族と結び付いて、そのことの累積状況が子育てのできる地域というものであって、そこでの人間関係、家族間関係の応用問題をいろいろ解決した人が、ある意味で初めて隣近所とも仲良くできるのです。

子どもがいるからと隣りの人と無理して付き合うのが地域ではない、そう考えたほうがいいよと話しています。そういうふうにして初めて「あっ、自分のところの家族の危機は、この家族にヘルプと言ったときに助けられるし、この家族のヘルプという声に対して、私は気持ちよく応えられる」と、こういう関係を累積していくことが、いま一番大切なことではないかなと思います。

出会いの拠点はどこでもいいのです。別に保育所でなければならないことはない。幼稚園でもできるし、子育てサークルでもできる。学校を拠点にしたら、もっと規模が大きくなります。なぜなら、学校は地域の非常に大きな財産だからです。学校は6歳から12歳までの子どもがいる大きな子どもの群れであり、かつ、いまの子どもたちは大きな群れに対する経験がとても少ないし、異年齢の人間と出会うという経験がすごく少ないだけに、それがある学校は重要な場となります。また同時に、学校というのは大人の市民をなかなか入れてくれない、何も用のない市民を入れてくれないところです。

それでもなお学校は、乳幼児の子育てをしている家族にとって、あれだけ大きな空間と大きな子どもの群れのあるところだけに重要なところです。小さな子どもがその雰囲気になじんでいくことは、その子の成長するプロセスにとってたいへん重要だと思います。いまその学校では、子どもたちのささくれだった雰囲気があり、トラブルも多いけれど、そこに自分より弱いというか、まだまだ小さい存在の乳児がいて、小学生の子どもと同じ空間を共有するということになれば、随分と子どもたちの気持ちを優しくすると思うのです。

学校の事情で言えば、先生たちも一般の市民が入ってくるよりも、子育てグループが入ってくるほうが、まだなじみやすいのではないでしょうか。だから、学校が市民に開かれる、公共的な財産の責務を果たすという点では、学校が子育てサークルの拠点になれば、工夫も要らないし、施設をつくり替える必要もないし、保育所なんかよりもっと大きな空間だから、学校がどんどんそういうものを取り込んでいくことを考えてはどうでしょうか。実際に、そういう問題意識をもっている学校の管理職の人たちもかなりいますので、随分心強く感じているのです。

４．これからのＰＴＡと子育て
――情報公開と問題解決のための協力システムとしての可能性

これからのＰＴＡと子育てに対する思い、また取り組みがもつ可能性についてお話しします。

情報が公開されないと〝助っ人〟も介入できない

学校は、子育て時代の人間関係の蓄積が反映していますから、いろいろなトラブルが絶対にあります。子どもも大きくなっているし、思春期を迎えるので、大人の知恵でも如何ともしがたいトラブルもたくさん起こります。また、みんながみんな有能な先生とは限りません。だいたい私も含めて専門職としては、それなりの仕事をしていても人間としてはみんな未熟です。だから、「ダメな親、未熟な専門職でいいじゃないか」と声を大にして言っているのです。

その問題で一番大切なのは、学校というのは、子どもと教師が生活している閉ざされた場ではあるけれど、そのまわりに保護者が一番密接な関係で存在し、加えて地域の住民がいるということ。これが学校というものの基盤なのです。学校が本当の意味で機能するためには、《教師と子ども》で成り立つ閉ざされた学校空間の情報が、保護者・地域住民に公開されなければいけないのです。「情報が公開されると、必ず学校とか学校の子育ての機能を再生させようとする機能が働く」というのが私の考えです。

だから、私が校長先生によくお話ししたのは、「学校の問題点はなかなか話しにくいかもしれないけれども、教師はこんな苦労をしているとか、子どもはこんな苦悩を抱えているということを、校長先生が先生を代表して、保護者・地域住民に向かって言わないといけない」ということです。「こんな苦しいことがある。こんなことはできるけれど、ここはもう苦しくてしょうがない」と言ったときに、市民の少なくとも3分の1は理解してくれる。3分の1は、けしからんとか情けないとか言うかもしれないけれども、3分の1の市民は絶対に、それはそうだ、学校の先

高文研
教育書
出版案内
2021年

KOUBUNKEN
高文研
〒101-0064 東京都千代田区神田猿楽町2-1-8　三恵ビル
☎03-3295-3415　郵便振替 00160-6-18956
https://www.koubunken.co.jp

この出版案内の表示価格は本体価格で、別途消費税が加算されます。

ご注文は書店へお願いします。当社への直接のご注文も承ります（送料別）。なお、上記郵便振替へ書名明記の上、前金でご送金の場合、送料は当社が負担します。

【人文書・社会問題】の出版案内もございます。ご希望の方には郵送致します。
◎各書籍の上に付いている番号は【ISBN 978-4-87498-】の下4桁になります。

◈教師のしごと・小学校教師の実践◈

752-0
「いろんな人がいる」が当たり前の教室に
原田真知子著　上間陽子解説　2、300円
おたがいをみとめ、許し許される学級を、様々な学びを通して作ってきた実践記録。

613-4
教室は楽しい授業でいっぱいだ！
◆子どもと創る心はずむ〝学びの世界〟
山﨑隆夫著　1、700円
子どもたちが「やめないで」とせがむ授業にするには？　教師も楽しい授業づくり！

588-5
授業を見直す16のポイント　信頼を育む9つのわざ
齋藤修著　1、400円
「授業づくり」16のポイントと、子どもたちとの豊かな信頼関係づくりのコツ。

506-9
〝遊び心〟で明るい学級　学級担任「10」のわざ
齋藤修著　1、400円
大切なのは教師の遊び心！　若い世代に伝えたい学級担任「10」のわざ！

292-1
のんちゃん先生の楽しい学級づくり
野口美代子著　1、300円
子どもたちの笑顔がはじけるアイデア満載の学級づくり一挙公開！

380-5
はじめて学級担任になるあなたへ
野口美代子著　1、200円
新学期、まず何をすれば良いのか不安のあな

718-6
もっと話がうまくなる
子どもが変わるドラマのセリフ
丹野清彦著　1、500円
ドラマや映画のセリフを活用した、子どもが思わず聞きたくなる21の話し方。

647-9
子どもの願い
いじめvs12の哲学
丹野清彦著　1、500円
教室に被害者も加害者も出したくない。教師として何をすべきなのか考える。

616-5
今週の学級づくり　あしたどうする
丹野清彦著　1、300円
一週間ごとに「今週は何をしたらよいか」をイラスト満載で丁寧に解説する。

363-8
がちゃがちゃクラスをガラーッと変える
篠崎純子・溝部清彦著　1、300円
子どもとの対話に強くなる「知恵」と「技」

537-3
ドタバタ授業を板書で変える
溝部清彦著　1、500円
学習に興味がわく活気ある授業の組立と板書をカラーで大公開！

455-0
子どもと読みたい子どもたちの詩
溝部清彦編著　1、500円
新学期から別れの季節まで、子どもたちの生活を綴った詩と指導の解説。

487-1
1年生の担任になったら
◆笑顔と安心の教室をつくる
新居琴著　1、500円
工夫・アイデアいっぱいで笑顔と安心の教室をつくる。ベテラン教師の指導法。

290-7
少年グッチと花マル先生
溝部清彦著　1、300円
豊かさと貧困の中で生きる子どもたちの姿を、子どもの目の高さで描いた物語。

631-8
地域を生きる子どもと教師
中野譲著　解説＝竹内常一・山田綾　1、900円
学びとは何か、生きる知識とは何か。地域の中で子どもと共に学ぶ教師の実践。

630-1
子どもにやさしい学校に
古関勝則著　1、500円
子どもの話をじっくりと聞ける学校。福島の子どもから学んだ、学校のあるべき姿。

419-2
保護者と仲よくする5つの秘訣
今関和子著　1、400円
なぜ保護者とのトラブルが起きるのか。子どもの生きづらさ、親の生きづらさに寄り添う。

563-2
子どもから企画・提案が生まれる学級
◆集団づくりの「ユニット」システム
関口武著　1、600円
子どもの願い、要求を実現させていく、子どもの提案いっぱいの学級づくり！

この出版案内の表示価格は本体価格で、別途消費税が加算されます。

◈ 思春期の心と体を見つめる ◈

614-…
子どもの法律
山下敏雅・渡辺雅之編著　２、０００円
学校、バイト、家庭などで子どもが困難に直面したとき知っておきたい法律問題36本。

687-5
どうなってるんだろう？子どもの法律 PARTⅡ
山下敏雅・渡辺雅之編著　２、０００円
知っておきたい法律・人権のことを質問に答える形式で具体的に分かりやすく解説する。

648-6
「道徳教育」のベクトルを変える
◆その理論と指導法
渡辺雅之著　２、０００円
道徳を「教科化」した文科省。その背景と今後出てくる問題点を示す！

541-0
いじめ・レイシズムを乗り越える「道徳」教育
渡辺雅之著　１、５００円
歪んだ愛国心を植え付ける道徳の教科化。元中学教師が示す道徳教育実践の数々。

126-9
思春期・こころの病
●その病理を読み解く
吉田脩二著　２、８００円
思春期の様々な心の病理をもとに総合解説した初めての本。

222-8
若い人のための精神医学
●よりよく生きるための人生論
吉田脩二著　１、４００円
思春期の精神医学の第一人者が、「自立」をめざす若い人たちに贈る新しい人生論。

664-6
暴力を受けていい人はひとりもいない
阿部真紀著　１、２００円
子どもへの虐待・いじめ・デートDVに取り組んだ20年の記録。

085-9
人はなぜ心を病むか
●思春期外来の診察室から
吉田脩二著　１、４００円
人間らしく生きるとはどういうことか、精神科医の著者が熱い言葉で語る。

397-3
ひきこもりの若者と生きる
●自立をめざすビバハウス七年の歩み
安達俊子・安達尚男著　１、６００円
ひきこもりの若者らと毎日の生活を共にしながら、彼らの再起と自立への道を探る。

141-2
不登校
●その心理と学校の病理
吉田脩二＋生徒の心を考える教師の会　３、２００円
思春期精神科医が、不登校の本質を解き明かし、背景にある学校の病理を示す。

226-6
不登校のわが子と歩む親たちの記録
戸田輝夫著　１、７００円
わが子の不登校に直面し絶望の中から新たな人生へ踏み出していった親たちの記録。

201-3
あかね色の空を見たよ
●5年間の不登校から立ち上がって
堂野博之著　１、３００円
小5から中3まで不登校の不安と鬱屈を独特の詩と絵で表現した詩画集。

171-9
いじめの心理構造を解く
吉田脩二著　１、２００円
自我の発達過程と日本人特有の人間関係の視座からいじめの構造を解き明かす。

393-5
若者の心の病
森　崇著　１、５００円
若者の心の病はどこから生まれるのか？　全国でただ一つの「青春期内科」のレポート。

244-0
まさか！わが子が不登校
廣中タエ著　１、３００円
まさかの事態、不登校。揺れ動く心を涙と笑いで綴った母と息子の詩画集。

278-5
保健室は今日も大にぎわい
●思春期・からだの訴え・心の訴え
神奈川高校養護教諭サークル著　１、５００円
恋愛・性の相談・拒食…日々生徒たちの心とからだに向き合う保健室からの報告。

300-3
いのちまるごと子どもたちは訴える
田中なつみ著　１、５００円
なぜ子どもたちはこれほど保健室を必要としているのか？　ベテラン養護教諭の記録。

216-7
学校はだれのもの!?
広中建次・金子さとみ著　１、４００円
高校生の自主活動を押しつぶすのは誰か。所沢、尼崎東、桂高校のたたかいを描く！

この出版案内の表示価格は本体価格で、別途消費税が加算されます。

◈ 心を豊かにする詩の世界 ◈

455-0

子どもと読みたい子どもたちの詩

溝部清彦 編著

1、500円

心情豊かに綴った114編の子どもたちの詩。

299-0

中・高校生と読みたい 若い日の詩

高文研編

1、700円

中高生たちの心に届けたい82編の詩。

255-6

高校生 川柳 狂歌集 カンニングやりて空しき家路かな

高文研編 ／芝岡友衛画

1、400円

心情を笑いに包んで詠んだ418編。

461-1

CDブック 獄中詩集 壁のうた

冤罪・布川事件 桜井昌司著 2、000円

43年振りに再審無罪を勝ち取った冤罪・布川事件。29年の獄中で綴った詩集。

546-5

詩の力 「東アジア」近代史の中で

徐 京植著 2、400円 徐京植評論集Ⅱ

朝鮮の詩人たち、母、プリーモ・レーヴィをめぐる著者初の詩と文学の評論集。

◈ 高校教師と高校生の群像 ◈

018-
私学にひるがえる旗
愛知私教連編
屈辱をバネに立ち上がった私立高校生、教師、父母たちの教育創造のドラマ。
1,000円

205-1
父母とのすれちがいをどうするか
全国生活指導研究協議会編
教師受難の時代、不振を生む原因を解きほぐし、対話と協同への道を探る。
1,300円

007-1
高校生の山河
岩渕国雄著　780円
いま生徒自治の大樹が枝を張り始めた。全校自治集団の誕生を描いた記録。

039-2
生活指導二十年
●［非行］とたたかいつづけて
水上久男著　1,400円
学級集団づくりから全校集団づくり実践。

016-3
英雄はいらない
新井朋重著　1,000円
様々な境遇を背負いつつ集団の中で動き、告白し励まし合った工業高校の熱い記録。

029-3
のびのび生活指導
神保映著　900円
子どもを伸びやかに生かす生活指導のエッセンス。ユニークな発想と実践記録。

040-8
教師にいま何が問われているか
服部潔・家本芳郎著　1,000円
教師はいかにしてその力量を高めていくのか？二人の実践家が大胆に提言する。

121-4
「事件」を恐れない生活指導
高橋俊之・松尾駿一編著　1,500円
家出・バイク事故・喫煙・暴力…。課題に取り組む教師たちのドキュメント。

175-7
進路　わたしはこう決めた！
高文研編著　1,200円
進路選択は高校生にとって最大の課題。迷い、悩みつつ選びとった体験記。

151-1
学校はどちらって聞かないで
青年劇場＋高文研編著　1,000円
『翼をください』の舞台に寄せられた高校生の痛切な声と役者たちの共感。

008-8
高校時代をどう生きるか
梅田正己・金子さとみ著　800円
高校時代は何に立ち向かい、何によって自己を形成していくのか。

012-5
新版　考える高校生
梅田正己著　1,000円
授業・生徒会・進路決定など、高校生の〈声〉で光をあて、共に考える。

114-6
高校生おもしろ白書
『考える高校生』編集部編　900円
高校生が作った川柳二〇〇句と、身近なケッサク小話一一六編。

115-3
高校生ってなんだ
金子さとみ著　950円
校則改正に取り組み、高校時代を全力で生きた高校生たちのドラマ。

116-0
若い市民のためのパンセ
梅田正己著　1,200円
いじめ、暴力、校内言論の不自由から、戦争、ナショナリズムまで解説。

118-4
高校生が答える同世代の悩み
高文研編集部編　950円
大人なら答えに窮する難問も、同じ悩みをもった経験をテコにズバズバ回答。

119-1
高校が「泥棒天国」ってホントですか？
高文研編集部著　1,100円
校内の盗難、授業中のガム、いじめ、体罰問題など、実態と問題の構造を探る。

019-4
差別と戦争を見る眼
梅田正己・金子さとみ著　1,000円
差別と戦争について、若い世代の声をベースに根底から考える。

◈ 日本国憲法・平和教育 ◈

658-5
憲法ドリル
●現代語訳・日本国憲法
中村くみ子編著　1,200円
難しいと思っていた憲法も、ゆるりと学ぶ。

712-4
Let us think about Kyujo!
奈良勝行・瀧口優著　1,400円
憲法9条について考えてみませんか！憲法も学べ、英語授業の素材として最適の一冊。

704-9
9条改憲　●48の論点
清水雅彦著　1,200円
戦争法の危険な中身、自民党改憲案の問題点、9条改憲を阻止する方策を示す！

453-6
いのち、学び、そして9条
佐藤学・田中孝彦・小森陽一・教育子育て九条の会編著
1,100円
「教育子育て九条の会」が多彩な呼びかけと取り組むべき課題を提言する。

189-4
劇画　日本国憲法の誕生
古関彰一　勝又進著　1,500円
日本国憲法誕生のドラマを、漫画家と憲法研究者が組んでダイナミックに描く。

242-6
【資料と解説】世界の中の憲法九条
歴史教育者協議会編　1,800円
世界史を貫く戦争違法化・軍備制

369-0
第2版　未来をひらく歴史
■日本・中国・韓国＝共同編集
●東アジア3国の近現代史
日中韓3国共通歴史教材委員会編著　1,600円
史上初3カ国で作り上げた先駆的歴史書。

480-2
中学校歴史・公民
育鵬社教科書をどう読むか
子どもと教科書全国ネット21編　1,800円
育鵬社版は何が書かれていて何が書いてないのか。研究者、弁護士、教員らが検証。

367-6
高嶋教科書裁判が問うたもの
高嶋教科書裁判を支援する会編　2,000円
高嶋教科書訴訟では何が争われ、何が明らかになったのか？13年の軌跡を辿った記録。

321-8
心理学者が考えた
「心のノート」逆活用法
伊藤哲司著　1,400円
うそ臭い道徳心を強要し、愛国心を注入する「心のノート」を逆手に取って批判する。

354-6
国旗・国歌と「こころの自由」
大川隆司著　1,100円
国旗・国家への「職務命令」による強制は許されるのか。法規範を総点検する。

327-0
「日の丸・君が代

465-9
東京の「教育改革」は何をもたらしたか
渡部謙一著　1,800円
東京の教育が変貌していく過程を検証。

◈ 学童保育・発達障がいへの支援 ◈

618-9
学童保育に作業療法士がやって来た
糸山智栄・小林隆司著　1,200円
子どもの困った行動には理由がある。作業療法士の視点に学ぶ発達障害児支援。

643-1
子どもにやさしい学童保育
糸山智栄・鈴木愛子著　1,300円
子どもの放課後の"居場所"が安心して過ごせる場所に！ 施設づくり提案の色々。

651-6
どの子も笑顔で居られるために
下浦忠治著　1,300円
二度とこない子ども時代を笑顔で過ごせる環境にするために、学童保育だからこそ出来る取り組みを示す。

728-5
子どもの権利条約を学童保育に活かす
安部芳絵著　1,800円
子どもの権利条約の理念から各条文の解説まで、学童保育での実例も交えながら具体的に分かりやすく紹介。

423-9
わたしは学童保育指導員
●子どもの心に寄り添い、働く親を支えて
河野伸枝著　1,500円
指導員歴20数年のベテランが贈る感動記録。

493-2
子どもも親もつなぐ学童保育クラブ通信
河野伸枝著　1,500円
学童保育指導員が、豊かな実戦経験から学

528-1
しあわせな放課後の時間
●デンマークとフィンランドの学童保育に学ぶ
石橋裕子・糸山智栄・中山芳一著 〈解説〉庄井良信　1,600円
北欧の社会福祉国家、デンマークとフィンランド。両国の子どもたちの放課後視察記。

302-2
学童保育指導員ドド先生物語
八田圭子著・前田美子解説　1,200円
子どもたちと共に日々を生きる指導員の悩みと喜び。映画「ランドセルゆれて」原案。

326-3
自分の弱さをいとおしむ
●臨床教育学へのいざない
庄井良信著　1,100円
親、学校や学童保育の現場で苦しみ立ち尽くす教師・指導員に贈るメッセージ

458-1
児童養護施設の子どもたち
大久保真紀著　2,000円
過酷な環境にさらされた子どもたちの思いを聞き取った貴重な記録。

722-3
こころの散歩道
松崎運之助著　1,500円
働く親と子どもの日常を、スケッチするように綴った心温まるエッセイ。

486-4
自閉症スペクトラム障害の子どもへの発達援助と学級づくり
楠 凡之著　1,800円
発達段階に即してその特徴を追いつつ、どんな援助が必要なのか。実践例で検証。

456-7
発達障がい
●こんなとき、こんな対応を
成沢真介著　1,300円
長年の経験から困ったときの対応・関わり方を4コマまんがと共に伝える

418-5
ねぇ！聞かせて、パニックのわけを
◆発達障害の子どもがいる教室から
篠崎純子・村瀬ゆい著　1,500円
発達障害の子の困り感に寄り添い、ユニークなアイデアで発達を促した実践記録。

538-0
困らせていいんだよ、甘えたっていいんだよ！
篠崎純子著　1,500円
様々な困難を抱える子どもたちに向き合う、一教師の心温まる教育実践95話。

234-1
子どものトラブルをどう解きほぐすか
宮崎久雄著　1,600円
パニックを起こす子どもの感情のもつれ、人間関係のもつれを鮮やかに解きほぐす。

259-4
パソコンがかなえてくれた夢
●障害者プログラマーとして生きる
吉村隆樹著　1,600円
重度の脳性麻痺の青年が言語障害や手の不

◈ 英語授業・新しい授業を求めて ◈

712
Kyujo!
奈良勝行・瀧口優著　1,4
憲法9条について考えてみませんか！ 憲法も学べ、英語授業の素材として最適の一冊。

693-6
現場発！ 人間的な英語の授業を求めて
池田真澄著　2,200円
混迷を深める英語教育に確かな指針を与える英語教師必読の書。佐藤学氏推薦！

679-0
英語授業・全校での協同学習のすすめ
根岸恒雄著　2,000円
英語授業での協同学習と学校改革の取り組みを詳しく紹介。佐藤学氏推薦！

094-1
英語教育で何を教えるのか
長谷川 清著　1,500円
受験と会話ブームでダメにされた英語教育の危機の本質をえぐり出し、変革を促す。

639-4
「慰安婦」問題を子どもにどう教えるか
平井美津子著　1,500円
戦争の実相を伝えたい！「慰安婦」問題に出合った中学教師の20年にわたる実践記録！

689-9
「西郷隆盛」を子どもにどう教えるか
山元研二著　1,500円
評価が難しい西郷隆盛を授業でどう扱い子どもに教えるか？ 様々な角度から迫る。

361-4
漢字の成
1,600円
漢字の成り立ちの考え方、教え方、
体的に紹介。漢字の面白さがわかる本！

359-1
口唱法とその周辺
【下村昇の漢字ワールド③】
1,600円
自ら提唱する「口唱法」を用いて、筆順指導の具体例・ポイントを全公開！

358-4
生きている漢字・死んでいる漢字
【下村昇の漢字ワールド④】
1,600円
小学校の漢字をめぐる実態を明らかにして、分析・考察した教師必読の本！

360-7
ひらがな・カタカナの教え方
【下村昇の漢字ワールド⑤】
1,600円
意外な盲点、ひらがな・カタカナ・数字の教え方を詳述。家庭でも役に立つ本！

297-6
基礎・基本「計算力」がつく本
●小学校1・2・3年生版
深沢英雄著　1,600円
わかる楽しさを伝えながら計算の実力を付ける指導法。基礎計算プリント付。

276-1
楽しい
家本芳郎著　1,4
誰もが授業上手になれる実践手引

137-5
授業がなりたたないと嘆く人へ
相澤裕寿・杉山 雅著　1,165円
既成の"授業らしい授業"へのこだわりを捨てた二人の実践家が発想と方法を語る。

076-7
いま授業で困っている人に
山本洋幸著　1,000円
「自分の」授業をどうつくるか？——ベテラン教師の実践的授業論。

433-8
地理を楽しく！
●子どもを引きつける60のポイント
地理教育研究会＝編著　1,700円
考える力がつく地理授業へのヒント満載。

生だけに任せておけない、と言いますよと。そのときに3分の1が、まず動けばいいのであって、みんなに理解してもらおうなんて思うから、言えないんですよ、という話をよくしました。情報が公開されないと、助っ人も介入できないのです。

責任追及型コミュニティを乗り越えるためのヘルプ

私の経験ですが、子どもが小学生時代、大変な先生に当たったことがありました。ある学年のときに「あなたがなりなさいね。調整する人が必要だから」とお母さんたちに言われて、PTAの学級委員なったことがあります。やってみると、なるほどなかなか大変で、トラブルが次第に広がり、直接その先生と話を繰り返しました。そういう先生は大体コミュニケーションが取りにくいのです。何度話しても通じていないということが分かってきました。そこで、校長先生や教頭先生なら、その先生のことを知っているだろうと考えて、4人で話すこともありました。そのあと校長先生、教頭先生と「どうしますか」という話になった時に、「保護者のおっしゃることはよく分かりました。だから、ちゃんと担任を指導します」といわれたのです。その時にはストレートに意見交換できる関係にもなっていたので、少しきびしいけれど、「校長先生、それは指導できると思って言っているのですか。この場の言い逃れのためにおっしゃっているんですか」と尋ねたのです。「指導するというような生半可なことでできないから、いまこうなっているんじゃないですか。だから、それはちょっと危機管理としては無責任じゃないですか」と言ったのです。

校長先生は「指導する」と言わざるを得ない状況であるということは分かるけれど、しかし、危機管理というのは具体的でなければならないと思います。ですから、「校長として指導しますとおっしゃるということは、あなたたち親は黙っていてくれ。何もしなくていい。私が全部やるからというメッセージにしか聞こえないのです。親は、親として力を発揮し参加して解決しようという気持ちで言っているのです。担任がだめだとか担任を替えてくれという単純な話をしているのではないのです。学校にもいろいろ事情があることは理解しているのです。けれど、次に打つ手はどういう手があるかということをお互いに考えるために話し合っているのであって、そのときに、私が指導しますという言葉は、ヘルプしてくれなくていいというメッセージにしかなりませんよ」と言ったのです。

こうした話し合いで、その校長先生が偉いなと思ったのは、「よく分かりました。皆さんで担任の先生の至らないところは全面的に支えてください」と、そう言われて初めて親は参加できるようになったのです。

私が、この経過で思ったのは「担任の先生も実につらい教師人生だったな」ということです。繰り返し、トラブルを起こしてきている、子どもに受け入れられず、保護者に批判されてきているのです。

結局、そういう先生たちは、「責任追及型コミュニティ」で失敗しては傷つき、失敗しては傷つくのです。失敗したときに、ヘルプされて育つという経験のない世界なのです。管理者も「指導します」とは言うけれど、じゃ何が具体的な指導なんだということは蓄積されていない。年々解決されない問題が積み重なり孤立する。そういう先生の育ちというものがあるのは、やっぱり教師自身が親に対しても「ヘルプ」と言える場がないのです。教師が親におびえずに「ヘルプ」と言い、保護者・住民が、もちろん管理職、同僚がそれを支える関係をつくる必要があるのです。

自分の見えている風景をしゃべろう、そして支え合おう

多くの親が、問題解決に参加してくると、親にもいろいろな見方があることが分かってきます。先生と子どもがうまくつき合えないクラスがありました。例えば、やんちゃな子どもが暴れる、暴れる子どもを力で抑えようとする、批判意識の芽生えた子どものほうは、その先生の対応をバカにしているという風景になったときがあります。小学校高学年の「学級崩壊」です。これに親はどう対応するかで集まって話をしましょうとなり、私は「いま感じていること、考えていることを話そう」ではなく、「みんなが自分の見えている風景をしゃべりましょう」と言いました。

親は子どもという情報源を媒体にして一定の風景を見ているのです。おとなしい子の親は「や

んちゃな子どもが暴れているから問題が起こっている」という捉え方をしていて、「先生も問題だろうけれども、やんちゃな子が問題だ」と言います。一方、やんちゃな子、例えばA君は、自分が先生に殴られたというのを親には言わないで、親に聞かれたら「B君は、すごい体罰を受けたよ」といった話をしていて、自分がやられたとは話していない。ところが、B君のお母さんに「A君は大変ね、先生にたたかれたりして」と言われたA君のお母さんは、「えっ、うちの子はB君がたたかれたって言ってたけど」という話になる。子どもというのは、ある意味で都合のいい風景しか親にしゃべらないのです。

クラスの親たちが30人なら30人集まって、自分の見えている風景を全部しゃべってみると、そのクラスの全体像が見えてきます。自分の子どもの情報に基づくクラス風景だけではなく、全体の状況認識ができる。こうなるとお父さんたちの問題解決能力は相当なものです。お父さんたちは、企業や仕事のなかで様々なトラブルを処理しているわけですから。

「ここは学校に注文を付けたらいい。しかし、おそらく先生や学校に注文してもできないものは注文するだけでは無駄。むしろ注文だけではなく、学校や先生を支えよう。いや、ここは家族が踏ん張って、お互いの情報交換の中で子どもを支えることをしよう」「校長先生にはこういうことを具体的にしてもらおう」といった話になります。

親自身が一定の情報の整理をすれば、その危機を親自身で支えられるというのが、今の市民の

能力の水準でもあるのです。それは地域によっても違うし、やり方もいろいろあると思います。しかし、多くの学校では親の側は正確な情報が手に入らないし、「井戸端会議」情報で混乱することもあります。学校がイニシアティブを取り、正確な情報を公開すれば、「井戸端会議」情報に撹乱されず、親の支援、参加を得て問題解決ができるはずです。つまり、子どもが生活する学校を支えるためには、どういう形で市民と学校が協力すればいいのかを話し合いましょう、というイニシアティブを取れば、問題は随分円滑に解決していくと思うのです。そういうリーダーシップをとる能力は、市民の中には相当育っているし、成熟しているというのが私の考えです。

「ＰＴＡサロン」で交流と支え合いを

だから、ＰＴＡは、もっと情報の公開と問題解決のための協力のシステムとして稼働する可能性があると思うし、稼働すべきだと思います。私が中学校のPTA会長をやった時に、PTAのことをよく知っているので、あまりたくさんのことができるとは思わなかったけれど、ひとつはPTAサロンというのをやりました。教職員会員、保護者会員の自由な話し合いの場です。常に情報が公開、交流される、関心のある人が集まって、学校の情報は地域に提供されて、親の側からも発信できる、そういう場をつくろうというので、毎月「PTAサロン」というのを主催しました。

学校では、いろんなトラブルがありました。トラブルを噂で聞いてくる人とか、必要な情報を求めに来る人がいたり、自分の子どもの情報をみんなに聞いてもらおうと思って来る人がいたり、先生のほうもそれを聞きながら、公式見解でない、一人の市民としての素顔で答えてくれたりのやりとりができました。その続きでPTA総会も、形式的議事は簡略化し、教職員会員、保護者会員が素顔で語る集いにしました。そこでは20代の最若手の教員がいい話をしました。教師をやっている人の能力はいろいろあるでしょうけれど、不真面目な人はいないと思うのです。教師としての苦悩とか、人間としての苦悩とか、親は親としての苦悩とか、そういうものがお互い交流できて支え合うような経験というものが蓄積できるようにする必要があるのではないかと思います。やっぱり、保護者、教員のSOSの交流と支え合いということが大事ですね。

2

第29回「大都市の社会教育　研究と交流のつどい」（２００６年9月10日）

社会教育の原理を生かしたまちづくり・職場づくり

25年ぶりに、この「大都市の社会教育　研究と交流のつどい」（日本社会教育学会の有志と全国大都市の教育関係職員の労働組合が協力して開催している、社会教育行政の現状と課題について報告・討議する集まり）にうかがいました。なぜ25年前に来なくなったかというと、話は単純で、そのころ娘が生まれ、子育てが大変で家を維持するために余り外に出なくなったという事情です。私はそういう個人的事情を優先してこの社会に生きてきた、ということがあります。

それともうひとつは、これは皆さんに対して少し挑戦・挑発的かもしれませんが、社会教育とか、子どもが生まれたので保育のことをやり始めて、あれこれを見ていて、どうも現在の制度も運動も、またその対立的関係に積極的にコミットしていくことの意味があるだろうかという疑念をもちはじめていたのです。

ちょうど、その時期に保育団体の合同研究集会に参加したのです。そこで、名古屋市と堺市の職員組合の方が報告をしていたのですが、それを聞いていて、これは後でお話ししますが、「これはいかん」と、行政当局も労働組合も何とも時代遅れで、こんな「遅れた」ところにコミットし埋没していたら、すぐに市民生活にも困難をきたすし、研究者としても意味ある働きができなくなる、もう少し柔軟な仕組みを作らなきゃダメだ、もっと違うところで考える必要があると感じたのです。それで出入りしなくなったのではないか、と思います。

それをどれだけうまく説明できるか分かりませんが、私が考えてきたことを率直にお話しします。

今日のテーマ「社会教育の原理を生かしたまちづくり・職場づくり」は、私が勝手に付けました。与えられたテーマは「行財政改革へのオールタナティブ」でしたが、オールタナティブ（選択肢）と言われても、私としては、オールタナティブになっているかどうか確信もないので、この20年から30年考えていること、社会教育の原理は有効なもので、とくに職場づくり・まちづくりに不可欠なものだというのが、本日の私が考えたテーマです。

参加されているのは自治体労働者の方が主ですけれど、これは自治体の問題だけではなくて、私も国立大学法人という、新しい組織の中でどのように意味ある組織をつくるか、職場をつくるのかということが問題になっています。生涯学習教育研究センター長としては職場づくりの中心でもあるわけです。大学の経営にもコミットしますので、経営のことも考えなくちゃいけないという立場です。ということで、皆さんにとっては少し違和感のあるお話になるかもしれません。

もうひとつ、私は保育所にも関係していまして、民間の社会福祉法人の代表もやっています。私たちの保育園は、公立保育所の民営化の流れのなかで受託したものです。といっても、もともとは共同保育所があって、その共同保育所の認可化と公立保育所の民営化というセットで成立した保育所です。この点も、皆さんからすると違和感があるかもしれません。

この保育所でいいますと、この間もＮＨＫの「クローズアップ現代」で汐見稔幸さん（教育学、保育学などの研究者。東大名誉教授、白梅学園大学学長）が、「民営化するのはいいけど、委託するところを見つけるのが大変だ、基準を厳しくすればするほど大変だ」と言っていました。

私たちの保育所は、評判がいいのでいろいろな自治体から引き受けてくれというプロポーザルがたくさんあるのですけれど、チェーン店を作るわけにいかないのです。評判がいいのは結構なのですが、私からすれば安い公務員をたくさん増やしているようなものです。子育て支援に安いコストしか負担しないという、日本世論の大勢のなかであきらめて、とりあえずは保育園のスタッフがみんな生き甲斐をもって働けるような形を目指しています。これも皆さんからは違和感があるかもしれません。そんなことをご承知いただきたいと思います。

1．社会教育の定義

今日の話は4点あります。

まず初めに、私が社会教育をどう考えているかをお話ししたいのと、私が課題意識とか方法意識として何をもっているかというのが2番目、3つ目には社会教育の仕事をするとか研究するという蓄積の中で何を目指すのか、ということ。さらに、その目指すことを考えるうえで、社会教育の職場を含めて、仕事を協働で行う職場での人間の関係、さらにはサービスを提供する側（この会場で言えば自治体労働者）と、受け取る側（住民）との「関係」について私が何を考えてやってきたかについて述べます。

アトム共同保育所について

私は、ずっと京都・大阪、関西圏で仕事をしてきました。約30年間、大学院を出てから主に人口約9万の大阪・貝塚市の公民館で事業を一緒に開発したり、職員や住民の学習などに付き合ってきました。1988年に2人の子どもを育てながら共働きをするというときに、貝塚市に隣接する熊取町という、当時３万３千人（２００６年は４万４千人）くらいの町に移りまして、無認可保育所のアトム保育所に出あいました。そこで子育てをしている親たちや、それを支えている保育者の皆さんと一緒に仕事をしてきました。

この保育所は２００３年３月までは無認可でした。保育所の事業・実践を、繰り返し地域住民に情報公開し、住民の評価が蓄積するなかで「そんなにいい保育所なら認可することが必要なのでは」という住民合意につながっていきました。しかし、新しく保育所をつくるわけにはいかないので民営化の流れとも重なって、既存の保育所をひとつあげましょうという形で、２００３年４月から認可された保育所になっています。

この保育所が認知されたのは地域での実績もありますが、ジャーナリストの斎藤茂男さん等の貢献があります。彼に、この保育所の実践を話したところ、「日本の最前線の問題に切り込んでいる保育所だ」と、いろんなところで紹介してくれました。なかでも、「未熟な人々同士」でその実践をつくり出しているということに注目され、「アトム共同保育所は人生学校」とも表現してくれました。その後、斎藤さんと、大型ルポ『父よ母よ』などを一緒に執筆した横川和夫さんが、共同通信発（１９９８年９月から全国の地方紙で連載された大型ルポ『もうひとつの道』――のちに共同通信社から同名で出版）で紹介してくださったのと、ＮＨＫがこれをドキュメンタリーにしたことで、全国に知られるようになりました（２００３年７月６日　ＮＨＫスペシャル『裸で育て君らしく…大阪アトム共同保育所』）。いまでは全国から毎日のようにたくさんの保育者（とくに傷つき倒れそうな）や傷ついた親たちが訪れています。

和歌山大学生涯学習教育研究センターの設立

この間、大学の事情も変わり、98年からは教育学部から出て生涯学習教育研究センターを設立し、そこで仕事をはじめました。

私も20年間大学にいて「大学というのは、何ともしがたい組織で、みんな個別には能力があるのに組織の中で不自由な状態に陥っていて、勝手にやるか埋没するかという感じになっていて、何とかならないものか」と思っていたのです。

そんなときにこのセンターをつくるという話になり、当時50歳だったのですが、最後の10年くらいは大学を変える試みをもう1回やってみようということでやってきました。

佐藤一子さん（前東京大学大学院教授・現法政大学教授）は、『生涯学習と社会参加』（東京大学出版会1998年）のなかで、生涯学習とか社会教育には3つの舞台がある、それは高等教育・社会教育機関・NPOだといわれています。私はたまたまその3つの「舞台」で生きてきて、その中で私は「社会教育をどういうふうに考えたらいいのだろうか」ということを考え、取り組んできたのです。

理論を実践に重ねる通訳者として

貝塚で市民の人たちと社会教育や公民館をどう考えるのかということを議論していると、よく「あんたが言っていることはよく分からない」「大切そうなことを言っているけど私たちには理解できない」と、普通のおばあさんやおばさんたちに率直に言われました。私が説明してもよく分かってもらえない、分かってもらえないので困ってしまう事態がよくありました。

あるいは、アトム保育所でも1990年くらいから運営の責任者（1990年〜2003年まで無認可アトム共同保育所のボランティア所長）をやっていますので、職員会議に出ていろいろ解説するのです。保母さんの中には中学卒の人がいたり、高校までやんちゃをしていた人がいたり、パートのおばさんがいたり、というところで話をするのですが、ここでも「あんたの話はちっとも分からない」と率直に言われました。

私が話すと分からないのですが、そこには有能な保育士さん（当時所長代理、現在アトム共同福祉会理事長の市原悟子さん）がいて、彼女が通訳をするとみんなよく分かる。

これはどういうことか、ということを突きつけられた日々を過ごしていました。

そこで思ったのは、社会教育でもそうですが、理論の世界で〝いい〟といっていることと、実際、実践の世界で呻吟《しんぎん》していることが、いかに乖離《かいり》しているか。当たり前なのですけれど、なんと研究者というのは能天気に勝手なことをやっているのか、ということです。都合のいいところだけちょっと出入りして、都合のいいところだけ切り取って、理論化していい気になっているのではないか、という感じで私は思い知らされたのです。

そこで私は（ここにも大勢の研究者がいらっしゃいますけれど）、多くの研究書などを読んで「いいこと言ってるな」と思ったことを、実践世界の皆さんに通訳する、この先生はこう言っている、あの先生はこう語っている、というように通訳すると、「こういうところが重要なんだ」と分かってもらえる。

私は、創造的に理論研究することもそれは仕事としてあるかもしれないけど、自分は理論の成果を実践世界に通訳する者として生きることがとても重要だ、と自分の生き方を定めるようになりました。特に、保育所の保育士さんたちは、様々な経歴をもち、また挫折を経験した人たちが少なくありません。それでも何とか人の役に立ちたいと思う彼女たちが、理論世界に蓄積されたものを、またそれが通訳されたものを自分たちがやっている日常の実践と重ね合わせて確かめた時に、自分たちがやっていることはこんなに意味があることなのか、自分たちでももっともっと活動していける、あるいは、安月給の中でも自分のやっていることには意味があると感じ、もっと積極的にやりたいと意欲を燃やしたのです。そういうプロセスを経験したのです。そして私も、そこで研究者、通訳者としての意味を深く感じるようになってきました。

社会教育実践は「あらゆる機会・あらゆる場所」で成立する

そんななかで、例えば目の前で学習している人たちに「社会教育」について説明しなければならないといったときに、私は「現状規定的」と言っているのですが、次のように説明することにしました。

皆さんは生活していると困ることがあるでしょう。困っているというのはつまり、いま自分がもっている認識や知識・技術では解決できない問題だから困るのでしょう。困ることが重なると不安や苦悩が深くなっていく。その疑問や不安や苦悩を孤立して一人で抱え込み、それが深くなっていくと病気になったり、子育てをしている場合は虐待をしたりするようになる。こういう人はたくさんいる。しかし、よく考えてみると私が直面している問題は、同じ時代、同じ社会のシステムのなかで生きているのだから、私だけ（に起こっている）ということはあり得ない。同時にそういう苦悩を抱く他者がいるはずなのに、その他者を見つけることが難しい。だから、課題を共有することによって苦悩を取り除くことができない。実は、この共有する他者を見つけるプロセスに、また別の他者が介入する必要があったりする。そのひとつが社会教育実践の端緒にあたると思います。それを共有する他者・課題を共有する他者を見つけることです。

同じようなことで悩んでいる人に出会うとホッとする。「私だけではなかった」と、ホッとすると少し意欲が出てくる、意欲が出てくると先に行こうとする、先に行こうとすると新しい技術や知識を得なければならない、そこ共に学ぶという作業が始まるのです。

社会教育とはこういう「共に学ぶという意欲を援助する仕組み」であり、孤立分散して〝共有する他者〟を見つけられない人々が、何らかのテーマで集まったときにそれを共有できるような援助をしたり、あるいは、それが学習課題になって学習への意欲を引き出していくような過程を援助することが社会教育の仕事です。

社会教育実践はそういう人々と場面によって成り立つモノ、というように説明すればいいのではないのか。そう考えれば社会教育実践は、別に公民館や社会教育の場所でやるものだというのではなく、保育所のように子育ての苦悩をもった人が登場し、その人たちが課題や苦悩を共有することによって、いろいろな方法や形態の学びが発生する、そう考えると社会教育実践は「あらゆる機会、あらゆる場所」で成立する。あるいは社会教育の労働というのはこうした価値がある、と説明すればいいのではないかな、と考えたのです。

これは先行研究を踏まえて理論化するとか解釈するとかいう話ではなく、目の前にある現象をどういう説明したらいいのかということだ、と考えてきました。

このように私が考えている間に、結局25年たってしまったということです。

2. 私の課題意識

ここまでを要約しますと、公民館の実践を通して考えさせられることがあり、88年以降は子育て支援の最前線でいろいろ考えることがあり、98年以降は大学で考えることがありました。そのなかで、社会教育実践というものをどういうふうに考えたらいいのかを考えてきたのです。

その間にもった課題意識でいいますと、保育所に最初に関係したときには、保育園や幼稚園に特段の関心はもっていませんでした。もともと成人教育というシフトで関心をもっていましたので、幼児教育の研究者が、いい保育やいい幼児教育をやると人生幸せになるようなことを言っているのに対して、「何をいっているのだろう。人生の最初の5年間や6年間いい保育やったって、人生長いのに、その後のことどう考えているのかな」と思っていました。

しかし、20年近く保育の世界に関係してきて思うのは、孤立した親を何とかしようとしている保育所などは、ほんとうに健闘しています。そのような親を支えるためにネットワーク化だとか交流だとか、あるいは子育て支援の開発というのをいろいろ考えていますと、社会教育の方法と原理が非常に重要だということが分かってきました。

制度と専門職は常に陳腐化する

例えば子育て支援というのは、1989年（平成元年）の合計特殊出生率が丙午《ひのえうま》だった1966年（昭和41年）を下回り、過去最低となった、いわゆる「1・57ショック」で厚生省（当時）でも言いはじめたのですが、その時に、私は保育の世界に足を踏み入れていて、保育関係者の会合に参加したのです。そこで保育士さんたちは「自分たちが子育て支援の専門家である」といったようなことを言うのですね。でも、議論を聞いていると、どうも違うのです。何が違うかというと、その人たちがいう「子育て支援」は子どもとセットの親でしか考えていないのです。つまり、親というのは子育てをするのがすべて、というような感覚で支援しようとしている。子育てというのは生活の一部であり、様々に複雑な応用問題の一部なのです。子育てが前に出た支援によって親が救われるかというと決してそんなことはないわけで、やっぱり、親たちの人生とか生活全般を支援するという視野がないと無理なのです。

90年代の少子化対策のなかで子育て支援の最前線に保育者たちは立っていたのですが、それはそれで敬意を表するとしても、保育者のノウハウの延長線上で支援することには無理がある。なぜなら、保育士は保育の技術は習熟しているけれど、大人の扱いには習熟していないし訓練されていない。そういう問題意識で経験を蓄積していないので無理がある、と思ったのです。しかし、この議論を払拭するのはものすごく時間がかかりました。

この時も刺激的に言わなくちゃならないので、はっきり言ったのは「制度と専門職は常に陳腐になる」です。制度も専門職も過去の総括を技術化したり、制度化しているのであって、過去の遺産が現在である。しかし、『現在』はとても流動的で、流動的なものに対応することを本来やっていなければならないのに、過去の遺物とか制度の枠でしか考えられないでいたのです。

必要なときに必要なように

90年代に子育て支援が始まったときには、既に夜間保育が必要だったのです。保育時間が午前8時から午後6時というのは全く意味がなく、午後9時も10時もやらなくちゃならない、という事態をどうするかという議論を一生懸命保育士さんたちがしていました。私たちの保育所も関西国際空港＝24時間空港の地元の町で、無認可保育所を認可保育所にするのにどうやったら住民の理解が得られるかを考えて、24時間空港で働く人々を支える保育所をつくろう、をスローガンのようにして、あれこれ考えているときに、多くの保育士さんと話をしていると「夜間保育は子どもにとって害があるからやめるべきだ」と言う。やめるべきだといっても、そういうサイクルで生活している人もいるのに、自分の専門職の信念でやれとかやらないとか、よくこんなに見当違いなことが言えるな、と思うけれど、幼児教育の研究者も結構「そうだそうだ」と言っていた。

その時、名古屋市職員組合は、なかなかリアリティがあった。どう言ったかというと、労働組合に保母さんが800人くらいいたのではないかと思いますが、保育園は何十カ所もある、夜間保育といっても名古屋市の保育園みんながみんな夜間保育をする必要はない、3つか4つやればいい、保母さんも年齢がかなり高齢化している。つまり、夜自由になる保母さんもたくさんいる。だから、名古屋市職は当局に志願制で夜間働いてもいいという保母さんを募って、その人たちが主に働く保育所をつくり、夜間にシフトした保育所をやろうという提案をしたのです。

ところが、名古屋の場合は当局が逃げ腰になって「こんなの実施できない……」と。しかし、明らかにリアリティは市職にあって、住民の支持を得られるような政策だったということです。これは800人の（市職の）合意を得て政策化したといっていましたが、それは志願制だから、やれる人がやればいい、ということで政策化できたのではないでしょうか。

一方、堺市職はどうだったかというと、そういう志願制でもなかったのですが、当時（十数年前）400人くらいの保母さんがいて、要するに400人の合意がないと提案できないというのです。しかし、400人の合意といっても、現実に堺の市民で夜間保育が必要な人がいっぱいいるのに、400人の公務員の合意を得るのを待っていて、その人たちはどんどん置き去りにされていく、こんなことをしていたら信頼を得られるわけがない。

その時に勝負あったと私は思ったのです。堺も今、民営化で大変です。これは要するに、必要な時に必要に応えられる制度が変えられる仕組みにしなかったら、目の前に必要な人がいたらどんどん制度が変えられる仕組みにしなかったら、これは「生活を守る・支える」という大義名分も実現できない。つまり、常に陳腐化する制度や専門職に規定・規制されて身動きできない、ということをその時に痛感したのです。

新しいニーズは常に制度の外にある

その時に、どのように私たちは変わることができるかというと、時代の変化が生み出す制度の枠の外にあるニーズ、つまり条例などに規定された業務の外とされる隠れたニーズを意識して、それを何とか実現しようとする時に自分たちを変えられ、また新しいものができるのです。

要するに、新しいものは常に制度の外にあり、本来の業務の外にある。ところが、いっぺん安定した業務に就くと「この枠の中が自分の仕事なので外のことは自分の仕事じゃない」と考える。それでは制度は保守化し官僚化し硬直化するだけです。これは労働組合にコミットしていようがいまいが、当局であろうがなかろうが、こういうことをやっていれば時代に取り残されて役に立たないものとして否定される、捨て去られるのは当然だろうと思います。

結局、何が重要かというと、目の前の子どもや目の前の家族がどうなっているのか、それに制度が合おうが合うまいが、私は何ができるか、私は何がしたいか、ということが出発点なのです。

今の制度でできなければ、できるような制度をつくり出すとか、あるいは制度が動かなければ、制度に隠れてでも制度の外側で何かをつくり出すという試みがなければ時代に取り残されていく。ちょっと難しく書けば、対象と実践が新しい原理と新しい方法を開発するのであって、今ある原理と方法を適用するだけが私たちの仕事ではない、と言えるのではないかと思います。

3. ヒトが育つ(「人間化」)関係をつくる

そう考えてきた時に、私たちは何を目指して社会教育の実践なり支援なりをやっていくか、です。これはまた少し次元の違う話になりますが、今、「ヒト」が「人間」になることがとても難しい時代だといわれるわけですが、そのことから考える必要がある、と私は思うのです。

「ヒト」というのは動物としての「ヒト」のことで、(人は)動物として生まれて動物として存在するのですが、あまり人間の歴史とか知恵を背負っていない生の「ヒト」という動物が生まれ、それが文化とか歴史を背負った人間に当然のようになれるかというと、そんな牧歌的な時代は終わっていて、とにかく人間としての諸能力を身につけることが困難になっている。そういう風景を日々、あるいは10年、20年前から見せられています。この根本にどうコミットするかは、保育であろうと社会教育であろうと、ここが人間社会を維持するという公共性の根拠だろうと考えるのです。

制度の枠から出たニーズに対応するのが新しい創造的な仕事だと言いましたが、これは別に今のニーズに迎合しろということではなく、そのニーズにどう対応しようかというときには、その原理は「ヒトが人間になっていくプロセス」にどういうふうにコミットできるか、どう貢献できるかということが、私たちの考えることであろう、あるいはそれが公共性の根拠だと思うのです。それについて、いくつかの例で私が考えたことを申し上げたいと思います。

トラブルの中で学び、育つ

実は今、ＮＨＫスペシャルで描かれたアトム共同保育所の保育の方法について、市原悟子さん（講演時、アトム共同保育園園長）と私とのセットで、全国を講演に回っているのですけれど、よくある質問は、「アトム共同保育所の保育は、いつからああいう方法で始まったのか」、つまり、他の保育所とどう違うかを聞かれることがしばしばあります。

何が違うかというと、とにかく子ども自身の感じていること、思っていることを語る・表現するということ。それは良いとか悪いとかではなく、そうしたことができる保育士と子ども、子どもと子ども、そして大人同士の関係をつくろうとしているのです。

例えば、かつて日本人の親と他の有色の親との間に生まれた子どもがいました。他の子どもはみんな不思議なんですね、自分と違うから。不思議なのに、誰も説明してくれないから、いろんなちょっかい（働きかけ）を出す。ちょっかいを出されても、出された子どもは親に事情を聞いていないから反応しようがない。ちょっかいを出したほうの子どもは、自分が一生懸命問いかけているのに答えないので無視されたと思って殴ってしまった。その時、自分と違うから不思議に思うのは正当な疑問だし、それを問いかけるのも正当なことです。そういうことを率直に語る、語るとトラブルが起こる、トラブルを重ねる。そういったトラブルの中で育てていくのがひとつの事例として紹介されているのですが、そういう方法は保育の世界であまりないだけに、「なぜ、あんな方法を考えたのか、やり始めたのか」ということを、よく質問されるわけです。

このケースは、ＮＨＫのドキュメントの撮影期間全体を描いた同名の本『裸で育て君らしく』（ＮＨＫ出版　２００３年）の中にちょっと紹介されています。

私と市原さんは、97年に神戸市須磨区で少年Aによる連続児童殺傷事件が起こったときに、今の時代はほとんどの子どもが幼稚園や保育所で一定の訓練をして小学校に上がっている、あるいは育っているにもかかわらず、こういう事件が頻発する、あるいはそういう人間が育つというのは、単に社会が悪いとか、親が悪いとか、学校が問題だという以前に、彼らの最初の人生の時期に、この社会（の全機能）はどのようにコミットしてきたのかを反省すべきことだろうと話し合ったのです。いい保育とか、いい幼児教育といってみても、ひょっとすると全然見当違いのことをやっているのではないか、と考えたわけです。

「家出のできるまち」をつくる

そんなことがあって、私がその時にとことん強調したのは、人間・子どもが育つプロセスでは必ずトラブルが起こる、それを子どもも自身も親も抱える。神戸の少年Aの話でいうと、彼自身も自分が普通とは違うことを自覚していたし、もちろん親も自覚していた。だからトラブルをいろいろ相談に行っていた。本人も自覚して親もトラブルを抱えているのに、誰も救えないというのは結局なんなのだ？　ということです。それで結局、私が思ったのは、「トラブルを抱えたときにそれをコミュニティとか人間関係で受け止めることのできる、そういう諸関係が集積したまち」を構想することが大事なのだ、ということです。

私はそれをコピーにして「家出のできるまちづくり」といったのです。つまり、家族で抱え込むことができないときに他人が介入できる関係、逃げ込めるところがある＝家出ができる、そういう関係が集積した「まち」をつくったらどうだ、と思ったのです。

あるシンポジウムでその話をしましたら、たまたま、その少年が通っていた保育所の理事の方がおられて反論されました。須磨のニュータウンは労働者のイニシアティブで形成されたニュータウンで、2千戸・6千人が神戸市に頼らずにまちづくりをやってきた、保育センターという幼保一元化された幼児教育施設も居住者のイニシアティブでつくった、高齢者の福祉施設も今つくっている。A少年のお母さんも、こうした活動によく参加する人だったというのです。

にもかかわらず、彼の救いにはならなかった。もちろん私は、須磨のまちが努力も何もしないようなところとは言いませんでしたけれど、会場で聞かれた理事の方は、そういうニュアンスで受け止められたのでしょう。いや頑張っていたのだ、と反論されました。

私はそれを聞いて、35年にわたってそういうまちづくりをやっても、一人の少年やひとつの家族が抱えるトラブルを支えるまちづくりというのはとても困難だということをこの事件は教えている、しかし、どういうまちづくりであったのか、あるいはまちづくりの様々な施設がどういう実績や実践を積んでいたかが問題なのではないか、とコメントしました。

実は私の住んでいる熊取町では、保育所について2つの型を提案していまして、ひとつは緊急保育ニーズ対応型といって、夜間保育が必要だったら夜間保育ができるという型。もうひとつはそれだけではなくて、ニュータウンのまちですから、孤立した家族がたくさん住んでいる。とにかく、子育てというものを焦点にして保育所を拠点にしたまちづくりができるニュータウンまちづくり型保育所というのを提案していました。

それはどういうことかというと、一人のトラブルを抱える子どもとか家族を保育所という施設内で援助するというのではなく、保育所を拠点としてつながる人間関係、つまり、まちで支える、そういう保育所での出会いが町の人間関係に広がる実践が重要で、そういう施設が重要だと考えたのです。

しかし須磨では、たくさんのサービスがつくられているけれど、そのシステムによるサービスが人と人、家族と家族、マイホームの壁を超える家出のできるまちづくりの拠点になるようなイメージはなかった。個別的なサービスには手厚く応えるけど、そのサービスの集積がひとつのまちの重層的な関係にならない、というのが問題ではないのか。だから、それをやったからすぐ救われるということではないかもしれないけど、須磨でやった先を考える必要がある、というのが、私たちが考えたことです。

この事件は、私たちの日常の風景のなかに起こっていることで、異様な特殊な条件のなかで起こったことではない、と私は受けて止めています。

その後また、今のようなことを「子育て支援の研修会」で話をしたら、たまたまそこに、その事件のあった地域で前後7年間保健師をやっていたという方がいました。

その方は「保健師として、自分の仕事を通して、人と人をつなげてその集積が地域になる。トラブルを抱えている親ほど、そういう情報を共有し支えるような人間関係をつくるという視点は全くなかった」とおっしゃいまして、「私がもし、こういう見方をして7年間仕事をしていたら、

A少年のもっと別な側面に出あって、何とかできたのかもしれない」ということを痛切に話されました。

保健師さんは、さらに「この地域は山本さんが言うような、家出のできるまちづくりというような人間関係のあるまちではなかった。つまり、下から積み上げた労働者たちが必死で生活し、そして必死で豊かさをも獲得した、非常に隠れた競争の激しい町だった。豊かさを装っていて、子どもたちを塾とか有名進学校に行かせるためにお金が必要でも、隠れてしかパートに行けないような町だった」と話したので、私はびっくりしました。そして重ねて、「しかし、そういうふうに育てた子どもに、親たちが依存するかというと依存しない。あきらめていて、高齢者はまた、子どもをあてにせず自分で暮らすということに一生懸命で、人のことを全然考えていなかったということが自分でもよく分かった」とも言われたのです。

税金を使って支えるということ

社会教育といっていろいろなサービスをしている、いろいろな講座も華やか、人が集まっている。しかし、その蓄積がそれぞれの人間を支えるような人間関係として広がるような実践が核になければ、「税金を使って支える」という中心的な部分が意味を失うのではないかと思うのです。

保育所の民営化の話をしましたが、これは安い公務員を増やしているようなものだ、というのが私の理解です。だって、公立も民間も保育所も、どっちみち税金で全部やっているわけです。民間の保母さんも税金から給与として受け取っているのです。でも、公務員のようにプラスアルファはない。だから、安い公務員がたくさん増えているようなものなのです。

しかしある時、無認可時代のアトム共同保育所の市原悟子さん（当時所長代理）が町長と話をしたときに、町長は、自分のところの公務員に払っている給料とアトム共同保育所の給料と全然違うこと、その制度の違いもよく分かっていて、「一番深刻なことをやってくれている皆さんに安い給料というか、少ない給料というのは申し訳ない」と言いました。

そのとき市原さんは「それはそれで考えてほしいけれど、町長さん、私たちこそが本当の公務員ですから」と言ったのは、ちょっと感動的でした。私たちこそ住民の切実な問題に対応している公務員です、たまたま給与が少ないだけです、と言ったのは説得力と影響力がありました。そういうことが積み重なって、町長をはじめとして町の合意として、無認可のアトム共同保育所を認可保育所にしないと行政の責務が果たせていないのではないかと思わせた、と思います。

つまり、社会教育の実践を、そこに出入りする一人ひとりの人々の暮らしと、あるいは人生というものをどう支え合えるかという「個別的」な問題だけではなく、そこで出会った人々がどういうふうに豊かに暮らせる町をつくる協同の関係につながっていくかということが、極めて重要な指標だろうと私は思っています。

それぞれのひとの居場所を確保する

これをもっと端的に示したスローガンがあります。「自殺をしたくなったら、図書館に行こう」というスローガンです。これは滋賀県東近江市の能登川図書館が、しばしば紹介されるきっかけとなったスローガンです。雑誌『世界』で紹介され、非常に反響が大きくなって影響力をもっている施設でもあります。柳田邦夫さんや井上ひさしさんも訪れています。

この「自殺をしたくなったら、図書館に行こう」というスローガンの中心は、能登川図書館館長の才津原哲弘さんで、図書館の経営の中にしっかり位置づけてやられたのです。そのアイディアの発端を、虫賀宗博さんという京都市で「言葉を紡ぐ」という講座を主宰されている方が、雑誌『世界』（２００５年８月号）で、次のように紹介しています。

《タイトルの「自殺をしたくなったら、図書館へ行こう」は、あるアメリカの図書館のポスターに由来する。そのポスターには、ピストルを自分の頭に突きつけている男がおり、まわりには本がたくさん積まれている絵が描かれてある。その絵の下に次のキャプションが入る。If you feel like shooting yourself, don't. Come to the library for help instead.「もし自殺したいと思っているなら、やめなさい。そのかわりに図書館へいらっしゃい。」というコピーをちょっとひねっ

て「自殺をしたくなったら、図書館へ行こう」というスローガンにされたんですね。》

これは、どういうことかというと、

《手押し車を押して来て、ただたたずんでいるおばあちゃん。失業したおっちゃん。離婚を考えて悩んでいるおばちゃん。――それぞれのひとの居場所を確保する。》

そういうことをやっているのです。さらに、虫賀さんは、

《「権威としての本」で頭をたたいたりしない。少しでも上下関係のニオイが漂うと、それで十分に苦労してきたひとは、近づかないものだ。ぶらりといつでも立ちよることができる「居場所」がちゃんとあれば、「もういちど起業してみよう」「新しい家族像をつくろう」と自らが立てた願いをもう一度つかみ直すことができる。わが人生のリセット、やりなおしできる香りがする。》

と書いているのです。

図書館が、生きることを励ます、あるいは生きる願いをつなげるという、社会教育施設としての存在意味を、こういう形で打ち出しているのです。

4. ヒトが育つ関係をつくる拠点に相応しい職場・人間関係

社会教育が必要とされる根拠は、格差社会といわれるいろいろな困難な状況の中で、確かに行政政策的には痛めつけられていますけれど、市民的な生活の基礎からすれば切実に必要とされているわけです。それは、皆さんもお感じになっていると思います。図書館も繁盛し、社会教育のいろいろな講座もおそらく必要に駆られている人たちがたくさん来ていると思います。しかし問題は、そういう人たちに公務労働であろうとなかろうと、どういうふうに関わっていくか、あるいは私たちの仕事の公共性というものを理解してもらうか、あるいは主張できるか、ということだと思います。

職場の人間関係に「共同学習」の原理は生きているか

人々が様々な困難に陥っている、だからそういう人たちにどうサービスするか、コミットするかが問題だ、といっている私たちが、どういう関係で仕事をしているか、あるいは、どれほど私たち自身が豊かな人間関係を職場を拠点につくっているかということが結局問題なのだと思い

ます。つまり、人が育つ関係をつくる拠点にふさわしい職場・人間関係があるか、ということです。

おそらく私以上に行政に携わる会場の皆さんのほうが、職場の現状をご存じだと思います。私は保健師とか、保育士とか、図書館司書や社会教育主事がいる、いろいろな職場に出入りしていますが、ほとんどの職場は疲弊していて、もう消耗のサイクルに陥って、どんどんどんどん、病気になる人も出てくる。

しかし、個々には悩んでいるお互いを知らない、あるいは、そこには正規職員から様々な条件の違う職員までいて、みんな懸命に頑張っているのに、お互いに支え合う関係がない。これでは面白くない職場になるでしょうし、自分たちも支え合えないのに他者の生活を支えるような仕事ができるわけがない、と率直に思います。福祉・保健・社会教育の職場の人間関係に「共同学習の原理」は生きているか、社会教育的な人間関係になっているのかと切実に思うのです。

ひとつは、市民はものすごく変化していますが、私たちのもっている専門職としての技術とか私たちが動いていく制度は、そこから立ち遅れています。そこにトラブルとか失敗が日常的に生ずるのは当たり前のことと思うのです。

例えば、私の住む熊取町の図書館のカウンター業務でも、たくさんいる利用者のなかにはトラブルメーカーもいて、変なクレームをつけられて困っています。ところが、その熊取町の図書館協議会の委員をしている私が職員に、カウンター業務で起きたトラブルの記録を全部出してほしい、それをみんなで研究しよう、そうしないと最前線に立っていると消耗してしまう、まじめに対応すれば理解してくれるというレベルを超えているでしょうと話しても、なかなか出してくれない。守秘義務でもないのだろうけど、なかなか出してくれないのです。

いま、団塊世代の企業戦士の地域リターンが話題になっています。でも、いいことだけじゃない。ある町では情報公開マニアのような人がいて「こんな無駄遣いしているなら情報公開しろ」と言ってくる。その人の対応のために人件費を数十万円を超えて使っている、残業代を使っている。あなたの情報公開に対応するために人件費をこんなにも使っています、という情報公開をしたらと言ったほどです。そんなトラブルも起こっている。

特に、対人サービスで、善意をもって誠実にやっている保育士や保健師、福祉や社会教育の職場は、人がいい、誠実な人たちなので、誠実に応えようとすればするほど消耗していく。学校教育では最近、大阪大学の小野田正利さん（同大大学院人間科学研究所教授）が「いちゃもん研究会」というのをやっていて、研究データがべらぼうにある。それはもう、きっと皆さんの職場で〝再現〟されていることだと思います。

トラブルから新しい知識や制度を生み出す知恵

私たちの保育所は、いい保育所といわれています。けれどそれは、トラブルがないということではなく、トラブルはしょっちゅうある、ひどいトラブルがあります。研究事例の対象になるような問題を抱えた保護者からもあります。全く見当違いのトラブルもしょっちゅう起こる。保育士さんはまさに傷つき倒れ、血まみれ状態です。

問題は、それで消耗しないようなシステムをどうつくるか、です。しかし多くの場合、トラブルはしばしば個人的な問題に起因するとされたり、あるいは表面的にトラブルが起こらないようにするために根本のところに手が届かなかったりするので、トラブルから生じる消耗感を癒す人間関係、あるいはトラブルから学んで新しい技術や制度を生み出す知恵をつくり出すような職場になっていません。

それだからこそ、冒頭で述べましたが、「ひとりがもっているトラブルを共有し、共に学ぶ」という社会教育の原理を基本に据えてやっていけば、新しい技術や制度設計は簡単にできていく、あるいはそれは説得力・根拠をもってできていく、と思うのです。しかし、残念ながらそういうことは行われていません。

特に、職種が多様化し、待遇が多様化しています。他人事ではなく、私たちの和歌山大学生涯学習教育研究センターも多様な身分で構成されています。私と同僚の先生は教員という比較的高い待遇の職種で、もう2人は旧国家公務員として入り、今は法人職員として安定した給料を得ている。しかし、それだけでは足りないので6時間勤務でボーナスもない臨時職員がいますし、さらに和歌山大学の場合は、県教委から派遣された研修員の先生がいます。

そこでのセンター長の私のスローガン、運営の原理は「仕事は意欲に応じてやり、責任は給料に応じて取る」です。とにかく、パートの職員であろうとアイデアを出して事業を担当する、どんどんやりたいことをやる。責任は給料に応じて取る、ということでやっているのですが、それでもなかなか難しい。大学が地域に貢献するサービスというのは、ある意味で全くノウハウのない世界で新しいことをやるのだから、失敗や挫折はいっぱいある。それでもとにかく、そこから教員も事務職員も臨時職員も学んで、次にどう面白く仕事ができるか、貢献できるかを探っていく、という関係にしているのです。

熊取町図書館協議会の答申について

最後にひとつの例として、私の住んでいる熊取町の図書館協議会の答申を紹介しましょう。

熊取町は、アトム保育園が〝全国的にデビュー〟したことでも知られるようになりましたが、熊取図書館もある意味では規模が大きく、30数万冊の本をもっていて40数億円かけて建てたなかなか立派な施設です。本・資料も集積していてサービスの水準も高くてよく知られています。開館して10年がたちましたが、その間、私は図書館協議会の委員として運営に参加してきたのです。そして、この10年間をどう総括するかと考えたときに、図書館職員たちがしんどそうな顔をしているという印象があり、楽しそうに仕事しているように思えませんでした。住民もよく利用しているけれど、図書館への感謝はあまり感じられませんでした。

そこで私は、開館10年を「住民は頑張って本を借りた、職員はそれに頑張ってサービスした、ただそれで終わっている」と、少し乱暴に総括しました。その間の双方の関係、時間、やりとりがたくさんあるのでしょうが、その関係を起点にして何かが生まれているという実感が全然ない。職員はただ本を貸して、住民はそれだけをありがたがって、職員はそのサービスで消耗している。サービスで消耗しているだけでなく、トラブルでまた消耗している。せっかく40数億円使い、毎年1千万円以上も資料費として使っているのに、それで町に何かが蓄積していくという実感がない、ということを思いました。

それだけでなく、2006年3月議会で突然、「行革・行革」を主張する議員たちが当初予算では1千900万円で出していた資料費を一挙に700万円ほど、それも図書館の予算だけを修正減額するということを議会で通してしまいました。

そこで初めて図書館の関係者は気づいたようですが、いかに図書館が、自分たちのあり方が評価されていないか、たくさんの資料があって、たくさんの専門職を置いて、よそは行革だ、といってどんどん予算が削られているのに、図書館だけ温存されている、それで安心していたのだということを。

この出来事で思ったのは、司書の人たちはホントに懸命に仕事しているのに、彼らは苦労を公表することもしないし、問題を投げかけて利用者と共有することもしない。苦労を表現したり問題を投げかけて表現しないのだから、住民は「本を借りられて、ありがとう」と、個人の利用者として個人の欲求が充足されればそれで終わり、ということが10年間続いてきた。住民が図書館を支え、図書館はまた住民の様々な活動を支えるという関係ができていなかったということが顕わになったのです。

利用しない人々にも見える図書館になる

それで10年間、できたことはいろいろあるけれど、できなかったことを書いてみました。ひとつは、利用しない住民への視野は十分だったか、様々な指標に示されるように、住民は熱心に図書館を利用し、司書は利用者の求めに応えてきた。また図書館（司書）は、利用者を拡大すべく、様々な努力も積み重ねてきました。

しかし、こうした利用者の図書館利用による充足感や、司書の努力が、利用しない人々にも見えるような工夫をしてきたかというと、それがなかった。つまり、利用しない人たちにとっても「図書館はあってもいい」と思えるような情報とか積み重ねがなければ、公的に施設を維持するのはとても難しい、ということを考える必要があります。

あるいは、利用者と司書との交流や理解は深まっているのか、資料を求め、資料を提供する、利用者と司書の関係は量的には示されている。しかし、両者の関係は、資料を媒介にしながらも、いいまちをつくり、豊かな人生を共につくる者同士の関係となっているかどうか。今後は、こうした関係に発展させていくことが必要なのではないでしょうか。そうすると、図書館は未来永劫に存在感が増し、確かに厳しい情勢になるかもしれないけれど、そういう住民に支えられていると実感すれば、司書はもっと意欲的に働くようになるのではないかと思います。

そして、もうひとつが図書館を拠点にまちづくりは進んでいるか、です。たくさんの来館者がいて、たくさんの資料が利用されて、催しにもたくさんの参加者があるけれど、利用している人々、参加している人々が横につながるような問題意識とか行動には活かされていない。

そこで、図書館を拠点としたまちづくりが広がることが重要なのではないかという視点から、図書館にはこんなことが必要なのではないかという点を明確にしました。

これからのまちづくりで大切なことは、社会教育でも一緒だと思いますが、個人の学習だけではなく共同学習が必要です。ひとつの問題を解決するために異なった多数の情報なり、異なった判断が存在する、住民がもっている情報や判断をつきあわせる「交流」と、合意をつくりあげていく「コミュニケーション」が、これからの「まちづくり」には不可欠です。そのためには、学習の輪が広がり、様々なところで「交流」が行われ、異なる考え、判断をもつ人たちが粘り強くコミュニケーションを重ねることが求められます。図書館は、「自殺したくなったら、図書館に行こう」ということもあるけれど、「いいまちにしたい」という願いが重なっていく場所にもなる必要があります。図書館なり社会教育施設はそういう機能を果たす必要があるし、それができるような役割を職員は果たす必要があるのではないでしょうか。

まちづくりのためには、熊取町でもいろんな社会教育の講座があって、それらを「熊取ゆうゆう大学」で総まとめしているのですが、住民の学習に貢献する図書館の役割というのは、議員とか行政職員を支える図書館になるという役割も果たす必要があるのではないか。

これを、「まちづくりと図書館」という答申で提起しました。滋賀県東近江市の隣の愛知川町（現愛荘町）立図書館長の渡部幹雄さんは、そういうアイデアを図書館人としては早くから出していています。しかし、まだまだ少数派というか、共通理解になっていないのが問題だと思いますが、そういう方もいます。

消耗のサイクルから意欲的なサイクルへ

答申では最後に、図書館を支える住民の役割について、利用者としてのあなたたち（市民）がいただけでは図書館を維持できませんよ、個人の利益、個人の人生と生活を改善するためのものとしてだけに図書館を位置づけていたのでは、公共的に維持していくことはできませんよ、あなたという個人や家族が豊かになるためには、人と人とが関わり、家族と家族が支えあう、行政と住民の協同・協働ができるまちづくりが必要なのだ、ということを問いかけています。

だから、支え手になってください、支え手にならないと図書館を維持できないし、発展もしないのです、と訴えたのです。

一方、職員に対しては、職員として読書の支援をするというだけではなく、地域の課題に鋭敏で、その資料を提供することを通して、まちづくりに参加する意識をもってください、という呼びかけをしています。

この答申、レポートを作るときに、私も図書館協議会委員を10年もやっていますから、図書館司書と非常に近いところにいるのですけれど、しかし、司書さんたちの情報がとても限られていて、苦しいとも言わないし楽しいとも言わないで仕事をやっている。私は協議会の座長をやっていたので、しんどかったらしんどいことを整理して出しなさい、そしてみんなで支えるようにしよう、と言っても、プロフェッションという人は我慢強くて、「頑張ります」とは言うだけで、なかなかそういう情報を出してくれない。

そこで私はしびれを切らして、この協議会の答申を出すときに勉強会をやろうと言って臨時職員を含めて30人くらいに、「今日はみんなと話がしたいので」と提案して、業務外に一人ひとりに「10年間どう考えていたのですか」と聞く場をもちままました。

そうしたら出るわ、出るわ、とにかく30人が、「私は、こんなことを心配していた」、「こんなことが辛かった」など次々と出てきました。そういうことをお互い、10年間しゃべらずにやってきたのか。あるいは、臨時職員の中には来て1年という人もいるのですが、その人からも、こんなことを思っている、こんなふうにしたい、といった話が出てくるのです。最終的には、改善すべき課題とか意見が２００項目くらい出たのです。

議会で資料費が減額されたといいましたが、レポート作成の中心になっていた司書の２人の女性が「700万円減額されたけれど、うちには30万冊の本がまだある。この30万冊を使い切って住民にどう貢献できるかを考えたい」と積極的な意見を出してくれました。つまり、消耗のサイクルから意欲的なサイクルに変わっていくというか、そういう変化を見ることができて、本当によかったなぁ、と思いました。

とにかく、個人がもっている課題とか苦悩というものを共有して、癒しながらエンパワメントして楽しみもつくり出していく、という面を、行政の当局者のマネジメントであってもいいし、労働組合としてマネジメントしてもいいから、とにかく、まず気づいた人がマネジメントしなかったら消耗のサイクルが続くことを放置するばかりではないか、というのが私の強い思いです。

3

『憲法を生かす力とロマン』(川口是先生を囲む憲法と教育研究会編。文理閣1996年6月所収)

「使命共同体」を担う主体を探る——アトム共同保育所の実践から

しんどくても、自己実現と励まし合いがあり、住民が切実に求めている仕事を引き受けているプロの誇りをもてるから、やっていける

経済評論家の内橋克人氏が、閉塞する現代社会から『すでにはじまっている未来』の姿を探りあてた満足感」をもって著した『共生の大地…新しい経済がはじまる』(岩波新書、1995年)で氏は、「生地である神戸の地を大災害が見舞い、都市壊滅の無惨な淵に、人も家も打ちひしがれてしまいましたが、市民運動家、ボランティア、各種協同組合、つまりは使命共同体が、助けを求める故郷の人びとの間をかけめぐり、市民は、さしのべられたぬくもりの手を受け、かろうじて希望の灯をみることができました」と、述べています。

内橋氏は、「協同の思想によって生活を守ろうとする市民の自衛意識」から生み出された「希望の灯」の源流を、１５０年前のイギリスの「ロッチデール綱領」の思想と実践に見、それが世界と日本にさまざまな形で再生、発展していることを経済ジャーナリストの眼で発見していったのです。「そして、いま、この現代日本に本格的な『使命共同体の時代』が到来しようとしている」と結論づけています。

「使命共同体」とは、「同一の使命（ミッション）を共有する人びとの、自発的で水平的な集まりである。それらは利益共同体でもなく運命共同体でもない。第三の共同体」であると内橋氏はいいます。

内橋氏が紹介する事業家の一人は、「私たちの仕事というのは経済性をこえる社会的意味と価値をもとめてのものだ」と言い、その中心は「継続できるボランティア精神に支えられた、利益優先でないサービスの提供」＝「市民事業」の展開であるといいます。それは、報酬の配分でいえば、「食えるボランティア」の組織化であり、「給料最低のメンバーを応援することが、自分の手取りをふやす道につながり『自分の給料が上がらないのは、最低の人をバックアップできない自分の責任であると考えるようになった』という」ように「働き方を変えることで人間関係と社会を変える、という考え方」の発見があったといいます。

本稿は、「家族直下型地震」に対応する福祉実践＝共同保育所の試みから、内橋氏のいう「使命共同体」を担う市民主体の形成の困難と可能性を示してみたいと思います。

1．共同保育所と「家族直下型地震」

(1) 福祉問題を生み出す「家族直下型地震」

保育所の窓からは、地域・家族の激変が見えます。とくに共同保育所からはよく見えるのです。孫の育児に当たってきたおばあちゃんが倒れたので緊急入所させたい。おじいちゃんが倒れ、その介護に付き添うことになったので緊急に入所させてほしい。次子の出産のために長子を短期でも入所させたい。母親が精神的困難となり育児ができなくなったため子どもを入所させてほしい、その親の精神的・生活的支援もしてほしいという保健所からの依頼もあります。また親の年齢や学歴を問わず（というより高学歴ほど）子育てへの不安、苦悩の相談などもつぎつぎともち込まれます。不況、厳しい競争にさらされる自営業者の営業、生活、子育ての困難も見えます。家族はもちろん、地域が必然的に見えてきます。核家族問題、高齢者問題、障害者問題、長時間通勤・労働問題、零細商工業者の問題。バブルの時代はその時代の影が、不況の今日はその影が共同保育所に映し出されます。

これらは、ひとつの家族だけを襲う「直下型地震」のような事態です。家族を襲う「直下型地震」は福祉問題を生み出します。ところが、このような激震はひとつの家族を襲うものであるだけに、他者にはなかなか見えません。他者にはなかなか見えないために、家族だけがその解決に苦しむことになります。

(2) 共同保育所の存在意義と可能性

①保育所制度の問題点と共同保育所

乳幼児の保育にあたる事業は児童福祉法にもとづいて設置された認可保育所（国・自治体からの措置費が支出される）が一般に行っています。これらを設置・運営する主体は市町村自治体や社会福祉法人ですが、ゼロ、１歳児など乳児保育や早朝・夜間の保育や緊急の入所に柔軟に対応できていません。これらはコスト負担など経営的事情（子どもや働く家族への権利の未保障）や保育労働者の労働条件、家族の困難を見ない建前的保育論議（「長時間保育は、子どもの発達上よくない」などという）のためです。救援、支援がすぐにでも必要な「家族直下型地震」が生み出す保育問題への制度的、実践的不適応（ミスマッチ）なのです。

ここに「協同の思想によって生活を守ろうとする市民の自衛意識」から「共同保育所」が生まれる理由があります。

これは子育て中の親と家族を保育という仕事によって支えようとする保育者による「子どもを育てる」「子どもが人間として育ちうる環境を整備する」という「使命」（ミッション）を実現するための共同体です。親は保育料という資金を出し、保育者は労力（保育労働）を提供し、双方が運営のために知恵と労力を出し合い創り出しているのです。

「共同保育所」のほかに、いわゆる「ベビーホテル」もあります。これは企業的に成立させることを必要とするため、保育条件も労働条件も劣悪であることがよく知られています。

こうした制度的・実践的ミスマッチは、ようやく政策的には保育所制度改革が論議され、厚生省（当時）の「エンゼルプラン」の策定・実施によって、実践的には建前的保育論議の反省が生まれるなかで解決への努力がみえはじめています。

具体的にはベネッセコーポレーションなど大手企業による、親にとって利便性のある「駅型保育所」などの事業もスタートしています。

しかし、「家族直下型地震」への対応、子どもと子育て家族の支援への有効な制度と実践を構想するためには、「使命共同体」たる共同保育所での実践の蓄積から学ぶことが多いのです。

②アトム共同保育所の歴史と到達

アトム共同保育所（アトム）は大阪府南部、人口４万の熊取町（現在約４万４千人）にあります。１９６７年に京都大学の一研究所の職場保育所として生まれ、その後地域の産休明け保育等の乳児保育を担ってきました。現在は、ゼロ、１歳児の産休・育休明け保育、長時間・夜間保育を町の補助事業として、２歳児以上の保育や緊急途中入所を自主事業として実施しています。子ども数72人、職員数18人（保育者15人、栄養士２人、所長〈非常勤〉）です（96年1月現在）。

現在、この地域は24時間空港の関西国際空港に後背・隣接した住宅地として住民生活は激変しており、それだけに柔軟・緊急に対応できる保育サービスを必要としています。地域には８つの認可保育所があり、このほうが施設的にもめぐまれ、親にとって金銭的・労力的負担が軽いにもかかわらず、大きく定員を割れており、一方、施設的には劣悪で、親にとってさまざまに負担の重いアトムへの入所はあとをたたないのです。それは、乳児や長時間の保育の必要のほか、先の「直下型地震」に見舞われた家族の生活的、精神的必要に応えているからです。

アトムへの入所希望は、ある日の「入所できないか」という突然の電話でもち込まれます。自治体の補助金と保育料のみで運営する貧困な条件のため、受けとめえないこともありますが、「深刻で受け入れ困難と思われるケースほど、電話だけですませてはいけない。家族の生死を分ける一本の電話かもしれない。アトムで受け入れがたくとも、相談に乗り可能な方法をともに探し出すことに力を貸すことはできる」というのがアトムの運営の基本です。

2. アトム共同保育所における協同の思想と方法

「助け合い」の困難

共同保育所は、「子育て」という使命（ミッション）を実現するための共同体です。しかしそれは、保育者・職員と親による貧しい協同事業体です。アトムは自治体から比較的恵まれた補助金を受けてはいますが、国の措置費はないので、保育料は高く、保育者・職員の賃金はとてつもなく低いのです。それだけに、保育者・職員と親、職員同士、親同士の協同を大切にしています。

貧しい保育所を運営し、きびしい福祉実践に向かうエネルギーの源泉は、一人ひとりの保育者・職員、親の志あるエネルギーの合流以外にないからです。「協同」というのは、ひらたくいえば、保育者・職員と親、職員同士、親同士の「助け合い」です。しかしこれは、アトムに集う人が道徳的にすぐれた「助け合い的人格」であるから実現したのではありません。日常の子育て・保育と運営をめぐっての葛藤、対立、トラブルを経て創り出されたものです。

現代日本社会が、サービスをお金で売り買いするようになってすでに久しいものがあります。教育であれ、保育であれ、必要なサービスはお金を払い、買う感覚がわたしたちの生活を支配しています。人に助けてもらうよりも、同じサービスが売られているなら、買ったほうが気分的に楽であるという感覚が人を支配しています。加えて今の子育て世代は、学校もまた競争社会のシステムに完全に組み込まれた時代に育っています。他者に支えられた喜びも他者を支えた喜びも経験せずに育った世代であり、そこでの傷を負いつつ子育て・生活に向かっています。また仕事でも同様です。つまり現代日本人は、迷惑をかけあう、支え合って生きる、それが双方にとって心地よいという経験を奪われてきたということでしょう。

アトム以外の事例ですが、共同保育所での生活を、母親が「子どもにとってはいいところなのだが、不足する運営資金づくりなどの催しに参加できないことが多く、その気分がつらい。出欠の連絡のとき、いつも欠とせざるをえないのがつらい」というのを聞いたことがあります。このエピソードは、「助け合う」という関係が成り立ちにくい姿を示しています。出席か欠席という単純な2つの区分だけでみると、このお母さんの心の動き、悩み、迷いはかき消されてしまいます。悩み抜いたうえでの出席もあり、迷いに迷ったうえでの欠席もあります。白（たとえば出席）と黒（たとえば欠席）は現象（結果）だけみればまったく別物ですが、じつは連続的につながったものだと考えないと、人間理解はできないということをこのエピソードは示しています。

協同は負担の均等ではない

たしかに「協同」とは、「助け合って、みんなでいっしょに創る」ということです。ところが「みんな」ということ、「いっしょ」ということをどうとらえるかが問題です。「みんな」とひとくくりにいわれる一人ひとりは、異なる個性、人格、能力、生活条件、感受性などをもっているわけで同一ではありません。対立的な場合もあります。そういう意味で「いっしょ」ではない個人の集合である「みんな」が、同一の使命（ミッション）の実現の必要を自覚するなかでひとつの場を創る（「いっしょ」の場を創る）のです。

ところが、「みんなでいっしょに創る」という目標は、全員が同じ条件であるという前提で、全員が機械的に「平等」「均等」な負担を背負うことだとしばしば解釈されます。

子育て期の家族総多忙時代、とくに女性にとっては少しでも余計な負担は減らしたい、だから他者も同じように負担すべきだと思う心情は当然です。しかし、「協同＝機械的平等」という考えが支配した場合、「負担できる人」からは「負担できない人」を責める視線が向きがちになり、「負担できない人」は、つねに「できる人に迷惑をかけている」と自分を責めることになります。

これでは、どちらの立場の人にとっても居心地よいものにはなりません。先のエピソードの事例は、つねにどこででも生まれうることであり、アトムでも「全員が平等に負担すべきだ」という不満、考え方は繰り返し生まれてきました。そうした対立、葛藤、トラブルを経て「できないことを認め合える協同を」ということを、次のように確認できるようになってきました。

「父母の労働条件、生活条件、家庭条件は多様です。参加したくても、役割をもちたくてもてない事情もあります。できない場合、うしろめたくなるのではなく、心苦しくなるのではなく、『できない』といえ、『できない』事情を認め合える雰囲気ができつつあるのではないでしょうか。『できない』家族も、アトム時代だけでなく、いつか、どこかで『役割』をもち、『参加』できるのではないでしょうか。そんな信頼で、気楽で楽しい『協同』を実現したいものです。」（『アトム共同保育所１９９０年度後期総会』）

協同を可能にするひとつの方法

①「できないことを認め合う」関係づくり

「できないことを認め合う」ためには、お互いの家族、仕事、ある場合には生活上の好み（例えば、ものごとはキッチリしていたほうがいいとか、その反対にだいたいでいいとか、外に出ることが苦にならないとか苦になるとか）などについてのお互いの深い理解が必要です。例えば、行事になんらかの都合で出てくることができない人がいるとします。その人の実情が理解できていれば、寛容になれる（認めることができる）が、知らなければ、無責任な人・家族と思いこんでしまうことになります。

したがってアトムでは「できない事情を認め合う」関係をつくるために、保育者からも、運営委員会（事業の日常の執行機関。親と職員から総会で選出される）としても、保護者会としても、保育者・職員と親、親同士の直接的理解の場や方法を工夫しています。アトムの保育者が、しばしば他の保育所と比較して融通がきく、寛容だといわれるのは、親の生活、仕事等の実情への理解が深いからです。それは職員会議で、保育や子どもについてだけでなく、親の事情の理解を総合的・多面的にできるよう努力している結果でもあります。

ついでにいえば職員会議は、職員同士の人格、能力、生活事情等の相互理解のためにも大切であり、職員間でも「できない事情を認め合う」関係をつくることが大切なのです。保育所では、つねに子ども・親の構成員が変化していきます。保育者は、親の事情を理解できる立場にあるわけで、つねに親同士の「認め合える」関係づくりを課題にしてきているのです。

②参加と協同の経験が親＝市民を成長させる

親からの保育所運営や保育実践への唐突な疑問や異論も尊重されます。風邪気味の子どもが薬をもって登園しているのを見て、「こんなことを許している保育所はけしからん」と猛烈な抗議をしてきた父親がいました。このトラブルのなかでわかったことですが、この父親は、障害をもつわが子が少しでも病原菌にさらされることを恐れていたのです。保育者から共働きの事情、子どもの登園を受けとめる判断の基準などの説明を受けると、彼は「保育所で決まっていることなら従います」と応えました。

このとき保育者が、「それはここでは違うのです。ここは協同ということが運営の方式です。あなたの意見も反映して決まりをつくっていくのです。ですから、あなたの意見もどんどん出してください」と述べたところ、彼は「ぼくは、これまでの人生でこんなに自分を認めてもらったことがない。仕事（大工）のなかでも親方にいつもきびしく、しかられ続けてきた。はじめて自分を認めてもらった」と涙し、いままでの子育て、仕事の苦しみを語りはじめたのです。

この父親と母親は共に精神的な困難に直面するなかで、子育てが困難となり保健所の紹介でアトムを訪れたのでした。彼らだけではありません。教師や看護婦（看護師）などさまざまな職種の親が、トラブル、葛藤、対立などを抱え込みながら協同事業に参加し、市民として、職業人として成長する姿があります（市原悟子「親、保育者が育ち、子が育つ…保育園は『人生学校』」雑誌『教育』１９９６年1月号、国土社）。

アトムは、子どもの発達を保障する場であるだけでなく、そこに参加する保育者・職員、親のこれまでの人生（教育）の傷を癒し、成長・発達を保障する場でもあったのです。

3．「市民事業」としての保育所の事業拡大

地域と家族の保育ニーズに応える

アトムの保育事業は、地域と家族の必要に応じて拡大されてきました。１９８８年までは、町の補助金に基づくゼロ、１歳児保育（補助金定員は16人、あとは自主事業）を行ってきました。このときまでの５人の保育者は正職（保険あり）です。

翌１９８９年に地域の要望、将来の認可保育所を準備するため自主事業として２歳児保育を開始、91年夜間保育（補助金新設）、93年３歳児保育、94年４、５歳児保育を始めました。運営の財源は、熊取町からの補助金（大阪府負担を含む）、保育料そしてバザーや物品販売などの事業収入です。町長や担当部との協議を重ね、これらの保育事業の必要の理解は得ましたが、行財政上の事情から補助金の増額はすぐには実現されません。だからといって、事業の実施を遅らせるわけにはいかず、いまある条件のなかで可能な事業をつくりださなければならないのです。

したがってこの過程で増員されていった保育者・職員は、月給制臨時職員〈準正職〉および日給制臨時職員での待遇となりました。身分や待遇は、大きく違うのですが、それは力量などに根拠があるわけではありません。そのうえ保育など仕事のうえでの権利、義務については、全職員

の協議と合意を経てほぼ同様なのです。

正職の賃金を下げる

３歳児以上の保育をスタートさせるにあたっては、職員会議（働くすべてのものが参加する）が繰り返しもたれました。この事業（ゼロ歳から就学前までの保育）実施のためには職員全体がこの事業に意欲的、積極的に参加しなければ成り立ちません。そうでなくては、充実した事業にするどころか、スタートすらできないでしょう。しかし、厳然として存在する臨時職員（準職というかたちで一部を改善してはきたが）と正職の区別、待遇差をどうするか。これまでにも、この区別・待遇差をめぐって準職・臨職は苦悶し、憤りを感じてきました。とくに正職の「働き」や「配慮のなさ」から苛立ちの日々もあったのです。一方正職も、意欲的で誠実な、そして有能でさえある準職・臨職の「働き」を見て、「自分が正職であっていいのか」と責めざるをえないこともしばしばありました。とくに若い正職は、この辛さから逃げ出したいと叫んだこともありました。

職員のリーダーは「正職の賃金を下げても臨職の働きに応えたい」とまで考え続けていました。しかし、これはそう簡単ではありません。正職とはいえ、せいぜい３００万円程度の年収です。簡単にはできないとわかっていても、そう思わざるをえない心境のなかで運営してきたのです。このリーダーや正職の心境がわかるがゆえ、臨職のほうも、アトムの運営と保育を力の及ぶ限り支えようということにもなってきたのです。

この一連の職員会議は、これまで職員それぞれが抱えてきた苦悩、葛藤、学びを交流、総集約する場となりました。会議では、事業拡大による増収と正職のアップ率を抑えたものを財源として準職の待遇を大幅に改善する、そして5年計画で格差を縮小するいくつかの案が提案されました。しかし議論を積み重ねるなかで、さらに加えて正職からは「自分たちのボーナスをカットしても準職に」という声が強くだされ、結局それを基本線とすることになりました。

こうした問題の解決については、「権利意識がない」「運動的展望がない」という手厳しい批判もあるでしょう。しかし、これを聞いた職員（準職）の夫は、「安月給だけにかあちゃんの仕事に価値がある」と言ったといいます。この家族もゆとりある生活をしているわけではありません。この夫は昼間働き、夜もまたアルバイトをして家計を維持しているのです。だから「安月給に価値がある」と言っているのでもなく、「安月給で使ってやってくれ」と言っているわけでもありません。事業の意味と周囲の条件を理解した上で、ユーモアをもって励ましているのです。

このような経験はアトムにとって、このときがはじめてではありませんでした。その経験を次のようにリーダーは総括しています。

「職員間で赤裸々に生活の実情を出し合い、この17年間で4回給与の改良、それも引き下げの改定を行いました。このマイナスは将来きっと取り返すぞという心意気での決断でした。こんな状況でも、その不満で退職するという人は誰もいませんでした。それは親に雇用されているという意識ではなく、保母も経営責任をもち、保育と仕事の場を自分たちでつくり出していくという自覚が次第にできたからでしょう。

親のほうも、保母が自分たちより劣悪な条件で働き、自分たちの生活を支えてくれていることを理解し、親としてできることはなにかと、知恵や力を出してくれました。保母のほうは親もいっしょにアトムを作っているという実感がもて、孤立感を免れ、辞める人も出なかったのです。」（市原悟子「地域福祉の発信基地」、『現代と保育』第36号、ひとなる書房、１９９５年７月）

アトムには、内橋氏のいう「従来型の雇用ではない労働」「労働の事業化」「市民事業」の実態が生まれており、「ミッション（使命）を共有する人びとが自ら社会的有用労働の担い手として、〝仕事おこし〟」をしてきた蓄積があるのです。

「私たちこそ公務員である」という誇りと自覚の形成

このようにアトムの保育事業は、「家族直下型地震」＝子育ての危機と困難に対応する保育者と親による市民事業であり、その一部を熊取町という一自治体が支援しているのです。この市民事業は、たんなる「善意のボランティア活動」（内橋氏）ではありません。

医師で評論家の加藤周一氏は「夕陽妄語…神戸の地震」(『朝日新聞(夕刊)』1995年2月20日)と題する論評で次のように述べました。

「日本国民には、みずからの生命財産の安全保障に関して、みずから税金を払って維持する政府と役人に、多くを期待しない習慣がある。また同時に共同体の成員相互の無償の扶助を当然とみなす価値観もある。政府ののろまさに対して激怒し、権利を強く主張するということがない。他方、無償の奉仕者(いわゆる『ボランティア』)に対しては、限りなく依存する傾向もある。ということは、奉仕の義務をもつ役人と、義務をもたない『ボランティア』とを、鋭く区別しないということであろう。おそらくそのことから、危機に臨んで国民の力も出てくると同時に、日常における危機対策の無力も出てくる」

すでに述べましたように「家族直下型地震」に直面した家族へ、アトムは行政の対応に「激怒し、権利を強く主張するということなく」「市民の自制心と秩序だった行動」「住民の連帯」で対応してきたのです。すなわち、いたずらに行政に対応を委ねるのでなく、速やかにアトムで受けとめてきました。

このことは決して「奉仕の義務をもつ役人と義務をもたない『ボランティア』」とを区別していないからではありません。声高に「権利を強く主張」はしていませんが、「奉仕の義務をもつ役人と、義務をもたない『ボランティア』とを、鋭く区別しない」のではなく、「鋭く区別」しています。

それは待遇とかではなく、仕事の質、職業倫理として「区別」しています。アトムと熊取町当局との、地域の子どもの福祉、保育事業を充実させる協同の努力にむけての協議のなかで、アトムの保育者・職員のリーダーが「アトムの保母はなぜ厳しい条件のもとで、地域的にも広く世間的にも評価される仕事ができるようになってきたのでしょうか。私たちは町長の辞令をもらっているわけではないのですが、私たちこそ地域住民に求められる仕事、地域の子ども・家族を支えるのに必要な仕事をしている、その意味で〝私たちこそ本当の公務員である〟という誇りをもって保育にあたっているのです。その意識があるから、しんどくてもやっているのです。貧しさも知らない、苦労もあまりしてこなかった若い保育者をも含めてアトムの仕事、保育ができるのは、〝私たちこそ公務員〟、熊取町の住民が切実に求めている仕事を引き受けているという誇りなのです」と述べ、当局者に深い感銘を与える場面もありました（『保育園という名の人生学校』アトム共同保育所編・刊、１９９５年）。

このようにアトムの職員の意識は、たんなるボランティア意識ではありません。「辞令」をもらっているわけではありませんが、「公共の子どもの福祉」に「奉仕」するという、しっかりとした自覚が形成されているのです。

4．労働と協同の主体の形成

不揃いのまちのおばちゃん、若者がプロをめざす

複雑で、世間的にみれば不合理きわまりない労働条件のなかで、一人ひとりが意欲的に働き始めているのは、なぜなのでしょうか。

事業拡大の必要から、たまたまアトムで働くことになった保育者・職員は、必ずしも保母資格をもっているわけではありません。たまたま声を掛けられ、パート気分で入った中年女性であり、資格はもっているが、アトムと比較すれば待遇のよい認可保育所に採用されなかった学歴の傷を負った若者です。文章を書くことはもちろん字を書くこともおぼつかない中卒者、中・高時代、学校と大人社会に反抗し、卒業後も職を転々としてきた若者もいます。まさに「不揃いの林檎」（山田太一）ならぬ、「不揃いのまちのおばちゃん、若者」の集まりです。

しかしアトムで働くなかで、新しい人生を歩み始めるのです。同じ仕事をするのなら意味ある仕事をしたいと、学歴社会のなかで傷ついた若い保育者が、生きる目当てを確立し、一時のパートのつもりで入った中年の保育者や給食調理員が、生涯の仕事にしたいと、仕事と自らの成長にチャレンジし始めるのです。30代半ばでアトムと出会った1人は、3年間資格試験にチャレンジ

し保母資格をとり、他の1人は短大通信教育を受講、最短期間の3年で保母資格を取得しています。40代半ばの給食調理員は、多額のポケットマネーの学費を使って専門学校に通い、栄養士資格を取得しています。若者も資格試験で保母資格を取得した者2名、まだチャレンジ中の者もいます。その雰囲気のなかで中卒の若者は、23歳で定時制高校に入学し学び始めています。

職場は人生の学校

①職員会議で育つ

アトムの仕事は容易ではありません。子どもや家族は、毎日新たな課題を保育者に提起します。共働き家庭は多忙であり、親、とくに母親はまったくゆとりを失っています。この多忙さゆえに子どもの生活や発達上の課題がしばしば生じます。保育者・職員は、それを父母の生活の背景を含んで理解しなければなりません。それは親の責任を見つけだすためではなく、子どもや親への働きかけの課題を深くとらえるためです。

親の働く企業や労働実態は多様であり、かつ複雑です。親の生育史もまた同様です。保育者・職員がこれまで身につけた経験や力量ではとうてい理解できません。すぐれた実践記録や理論書を読んでも、具体的で実践的な力にすることは難しいものです。

そこでアトムでは、月1回の職員会議が重視されています（これは月末の土曜日の午後行われる。この時間帯の保育は父母とアルバイト保母によって行われる。この父母共同保育は、父母の交流と成長という大きな意味をもつ）。

ここで子どもや家族、保育のひとつの課題、一場面について具体的に事例的検討を行い、その蓄積が大事にされています。日々目の前にある問題、場面、事件を保育者・職員が学ぶ教材としているのです。

しかもこの会議では（だから保育者同士の会話には）、言論の自由があります。正真正銘の言論の自由です。若い保育者も、中年の保育者も、いや日本人の多くは会議や討論の訓練がされていません。不揃いのアトムの職員集団ですから、なおさら会議はきれいには進みません。質問されただけでケチをつけられたと怒り、説明を求めると私を試すのかと怒鳴り、アドバイスをすると責められたと泣き出すこともありました。途中で鞄を放り投げて帰ってしまう。会議というより、対話すら成立しなかったのです。

日本語を話しているのに、それぞれの思いを通訳しなければなりません。一方で彼女の主張、思いを確かな言葉にする手助けをし、不確かな言葉に反応しての誤解をただし、一つひとつの話をかみ合わせていくのです。だから時間がかかり、深夜に及ぶこともまれではなかったのです。

こんなこともありました。会議が終わろうとする時、数時間前に結論を出したことへ、「わたし、わからへん」と若い保育者から疑問が出されました。当然みんなびっくりです。それでもその疑問について、また議論を重ねました。形式的にいえば、それは議論しなくてもよかったでしょう。しかしそれでは、長い時間をかけて心のモヤモヤを疑問という形にまで成熟させ、そして「勇気」をもって「わからへん」と言った保育者の意欲は殺されていたでしょう。議論を重ねたことによって、全体としても、このささやかな疑問を深めることで、これまでの自分の理解をさらに深くできるという経験ができたのです。このように、若い保育者の疑問を大切にし、中年保育者の理解の曖昧さを突っ込む丹念な職員会議の運営のなかで、会議が成長の場となっていったのです。

②意見表明は人生の自己紹介――「私」という主語で語ることの大切さ

アトムでは、子どもや実践の記録を書く場合も、語る場合（職員会議やクラス懇談会で父母に話す）も、「私は……に感じた」「私は……と考えた」というように「私のものの感じ方」「あなたのもののとらえ方」を押し出すことを重視してきました。

子どものある場面、ある事件があっても、それを肯定的にとらえる保育者もいれば、否定的にとらえる保育者もいます。また、なんの印象も残らない保育者もいます。そのとらえ方には、それぞれの保育者の人生が反映しており、どのとらえ方が絶対的に正しいとは決めがたいものです。それぞれのとらえ方に一理があるのです。

まず「私」のとらえ方が表明される、それとは異質な「あなた」のとらえ方が表明されます。それぞれは、ひとつの現象へのとらえ方の違いを超えた「人生」の「自己紹介」なのです。その違いを認め合ったうえで、子どものある場面、ある事件をどのように理解し、実践課題をどこに定め、それぞれの保育者の個性に従って、どういう保育実践の方法がありうるかを集団的に見定めていくのです。

この作業は子どもや保育の内容の検討を通して、保育者が「私」と「あなた」を見つめなおし、自己の個性を確認し、異質な他者を受け入れていく過程でもあります。この過程の蓄積を経て各自の見方、感じ方の表現としての行動の相互理解が深まり、相互批判も相互支援も成り立ち、さらにのびやかな、ありのままの「私」の表現が生まれることになるのです。

ある医療専門職の母親が、アトムの労働のきびしさ、条件の低さに驚き、「こんなしんどいところで続けられるのはなぜですか」と質問した時、若い保育者は「ここでは経験の浅い私のような者も対等に扱ってくれるから」と答えたことに、アトムの職員同士の人間関係が象徴的に示されています。

意見表明は、ただひとつの正解を答えることではなく、議論は相手を論破する、打ち負かすためにのみするのではありません。この課題、あのテーマについて、「こう考える私です」「そう考えるあなたなのか」という相互理解の作業なのです。

ないこともあるのです。

③子どもと保育を鏡に自分を映す

とくに保育する上での感覚の違いは徹底して話し合われます。子どものどこが気になるのか、課題と感じる背景を掘り下げていきます。ある保母が気になることを他の保母はそうは思っていないこともあるのです。

5歳児クラスでのエピソードです。アトピー性皮膚炎の子に対して、他の子たちが「カイカイマン」と呼ぶということがありました。ある保母は、「こんな傷つけることば使いは許せない。すぐ注意しなければ」と思い、他の保母は「そこまで厳しく注意しなくても」と思うのです。

会議では、5歳児の理解、5歳児のことばと意識を学習していくのですが、そこで終わらないのがアトムの職員会議です。「許せない」と思った保育者の意識と背景を探っていくと、彼女は成長過程で、自分が傷つけられてきたという思いがあるのです。一方、「そこまでは」という保育者には、「自分は小さい頃から、自分の思いを表現できなかった。だから子どもの表現は最大限許してやりたい。押さえ込みたくない」という思いがあるのです。

子どもを見る視点の違いをつきあわせていく作業は、子ども・保育を鏡として自分を映し出す作業になるのです。この過程は保育者それぞれの育ちの違いや生活意識・価値観の違いを浮かび上がらせます。保育者それぞれが自己紹介を積み重ねていく作業です。「子どものケースカンファランス」は、実は職員同士の相互理解（育ちを含んで）の過程なのです。

自分と違う他者が深く理解できると、他者へのいままでの苛立ちが消え、他者のよき理解者と変わっていきます。短大を出てアトム歴10年の保育者は、「アトムでなかったら、茶髪だったり、ツッパリの経験のある保母と仲間にはなれなかったろう。自分とは全く違う人種として近寄りもしなかったろう。しゃべらない人は、理解できない人と思っていただけだろう。しかし自分と違う表現をし、違う考え、価値観の人を理解し、共に仕事をしている自分が不思議だ」と語る言葉にアトムの人間関係が簡潔に表されています。

実はこのような不揃いの職員の相互理解の努力と方法の蓄積が、多様多彩な親を受けとめる力にもなっています。

④逃げ出さないのは、励まし合いの関係があるから

悪戦苦闘してひとつの問題を解決すれば、また新たな課題が提起されるのが保育所です。追われるような日々が続きます。昨日の方法は今日通じません。だから今日の知恵は、明日通ずるとは限らないのです。だから明日もまた応用問題に取り組まなくてはなりません。逃げ出したくなるような心情が体全体を覆う日々です。

でも「不揃い」の職員が、アトムの親に多い高学歴・専門職の母親たちに立ち向かえるのは、

失敗を許し合い励まし合う、保育者・職員の温かい人間関係があるからです。

それだけではありません。親と保育者・職員の励まし合いもあるのです。この励まし合いの関係をつくることは、そうたやすいことではありません。この双方の励まし合いの関係づくりのためには、コミュニケーションを成立させ、それぞれの事情の深い理解が必要です。アトムでは、親と保育者・職員のコミュニケーションのために月刊誌『アトムっ子』（Ｂ５版50～70ページ程度）が発行されています。それは単なる「子ども・保育の様子」を伝える保育だよりにとどまるものではありません。

とくに重視されるのは、職員会議の様子をできるだけ詳しく親に伝えることです。それも結論だけを伝えるのではなく、「ゴタゴタ」も含め議論の経過をできるだけ忠実に、です。現在の保育所・学校（さまざまな組織もだが）が、親・市民と壁があると思われるのは、子どもの扱いも含め保育所・学校内部の様子がわからないからでしょう。アトムでは、親も運営に参加しており、システムとしては「壁」をなくしていますが、それでも見えない部分は多いのです。そこで、もうひとつ「壁」をなくす努力として、職員会議の内容を公開し、保育者の個性（生身の姿）や討論の過程を理解してもらうのです。

また保育や子どもの様子を（書き）知らせるについても、子どもを見ている私（保母）、保育実践を展開している私が、何者であるかを語る（自己紹介）ことが大切だと考えられてきました。

それが含まれていないと、親としては、子どもを委託している保育者の実像が見えず、見えなければほんとうの意味の信頼感は生まれないからです。若い保育者は懸命に、子どもを書くだけでなく、「私」を書き、書きながら「私」を深め成長しています。壁にぶちあたり、「保母はむいていない」と悩む保育者は、その心情を書きます。「こんな不安定な若者に大事なわが子を任せられない」と思う親もいるでしょうが、「私もそんな時期があった」などの体験や励ましの手紙を寄せる親も生まれます。

このようにアトムには、自己実現と相互評価（職員同士、職員と親の）という人が生きるために不可欠な内容があり、これが不合理な条件にあるにもかかわらず、意欲的になれるカギなのです。

5．保育所を拠点に地域にひろがる子育ての協同

保育所を拠点に生まれ広がる子育てグループ

①グループ子育てこそ希望がある

保育所の人間関係では、保育者と個々の親のつながりは容易にできます。また保育所内におい

て親同士が、保護者会などでつながることも比較的実績があります。しかし、こうした保育所時代の人間関係、家族関係が、乳幼児期の子育てを超えて思春期、青年期におよぶ子育てを協同できるものへ、保育所を離れた地域生活においてもつながるものとして発展することがきわめて大切です。

子ども・青年の発達・成長上の危機は、学校などのさまざまな努力にもかかわらず、むしろ深まってきています。この危機と閉塞状況を市民の側から克服するためには、地域での子育ての協同（相互に支え、激励し、苦悩を共有できる関係）こそ、希望をもって子育てができる保障なのです。

現代の子育て不安の実態と子育て支援の具体策をすぐれた実証的研究（『乳幼児の心身発達と環境～大阪レポートと精神医学的視点』名古屋大学出版会、１９９１年）によって明らかにした原田正文氏（大阪府立吹田保健所摂津支所長・精神科医）は、近年「子育てサークル」こそ、子育て危機打開のもっとも重要な方向であることを力説し（原田『こころの育児書…思春期に花咲く子育て』エイデル研究所、１９９５年）、「日本の子育てを改善する方法は、母子が孤立した従来の子育て形態を抜け出すこと、そしてグループ子育てを広げていくこと、グループ子育ての中でどのような子育てが子どもにほんとうにいいのかを、みんなで考えること以外にはない」と言い、そして子育てが「どのように変わるかは、現在子育てをしている若い親たち、そして子どもに仕事としてかかわっている我々専門職の行動にかかわっている」と述べています。

②保育者の支援で子育てグループへ

アトムでは、親が「私」を語ることができる場も大切にされています。「アトムっ子」の誌面もありますが、それ以上に2カ月に1度は開かれるクラス懇談会です。そこでの主要なテーマは「子どもの様子」ですが、子育ての悩みからはじまって家族、夫（あるいは妻）、仕事、職場の問題を語り、相互に知恵を出し合い、励まし合う場となっています。親とそれぞれの家庭の自己紹介の場、相互理解の場です。

そこでの保育者の役割は、子どもについて語るだけでなく、それ以上に親をつなぐこと、とくに「私」を語ることになじめない人、それはしばしば新しく入ってきた親ですが、彼女（彼）らが、その場に入り込めるように、入り込みたくない人にはその気持ちもしっかり尊重しながら、「その時間を共有してよかった」と思える場にできるように懇談会をもつ準備をすることです。

保育者の仕事は、子どもと共に意味ある時間がすごせる（すなわち「保育」）だけでは、いま必要な「子育て支援」はできません。親、大人を理解し、彼らを相互につなぐ仕事が必要なのです。アトムの若い保育者も、中年の保育者も、このことに頭を悩ませています。こうした保育所・保育者の支援もあって、アトムでは保育所を拠点として「子育てグループ」が形成されていきます。

その方法の意味をアトムの所長代理、市原悟子氏は、ジャーナリストの斎藤茂男氏との対談のなかで「むかしあったコミュニティというか助け合いのネットワークを、とにかく意図的につくらなくてはならないわけですね」という斎藤氏の問いに答えて「そうなんです。そういうものはたしかに自然発生的には生まれにくくなっていますが、保健婦や保母の介入さえあれば、安心して交流がはじまるんです。それに、ひとたびそういう交流が生まれると、いまのお母さんたちは、非常に能力を発揮しますよ。その点では市民的にも成熟しているし、個別の能力はもっていますから」と明快に答えています（『子育てなんていや！まじめママの〝告白〟』草土文化、１９９４年）。

原田正文氏がいう「専門職の行動」や市原氏がいう「介入」とは、「知恵ある専門職」が、「無知な市民」に何かを提供する関係ではありません。専門職（保母、保健婦、公民館主事など）もまた同時代を生きる市民として、子育ての主体である親とともに「私」を語り「あなた」を尊重する関係をつくり、共に学び合うことなのです。

③保育所からのまちづくり

アトムは以上のような保育所内での親、保育者が協同でつくり出す経験を地域にも広げ、まちづくりに貢献するため、「子ども、女性、高齢者にもやさしいまちを」（1993年）「孫たち子どもたちに文化の香り福祉豊かなまちを」（94年）「まちでかがやく女性たち」（95年）「ヤングパパ、わが少年時代、子育てを語る」（96年）というテーマで講演と、まちに住む音楽家によるミニコンサート、トークや提言を組み合わせたイベント（「子育てと保育を考える集い」）を開いています。

ここには町長、商工会会長、保健所長、図書館長、議会福祉担当委員長、自治会長、親子劇場、地域文庫、介護者の会、学童保育所、障害者施設、老人保健施設、多様な会派の議員など地域の多彩な団体、人士が、講師や提言者等として参加し、快適なまちづくりにとってアトムを大切な保育所としてとらえ、アトムの日常の苦労を励ますまでになっています。長く地域に住み、自然と人情を守り育ててきた人と、新しく住み、この地をいまから我が故郷として育てていこうとする人々が、出会い、知恵を出し合い、労力を惜しまず、協同の力で福祉をつくり、文化を創り、地域をつくり出そうという、地域の多彩な人々のコミュニケーションの場としてアトムは成長しているのです。

映画『男はつらいよ』（山田洋次監督）について次のような評論があります。

「あのだんご屋の夕餉の団らんでも、ときどき誤解している人がいますけど、あそこに集まってくる人たちが、いい人だからひとりでにあの家族シンポジウムみたいなものが成り立っているのではなくて、寅がいるからこそ座談は成立するのです。寅はコミュニケーションの再生者として帰ってくるのです。これは明瞭な事実でしょ。寅がいなければ、それぞれテレビを見て、食って寝るだけの生活なんです。ですから、寅というのはタクバイ（啖呵売＝著者注）の口上から、仕方話ふうのおしゃべりまで、存在の仕方そのものがコミュニケーションの体現者なんです。」（嶋田豊『山田洋次の映画…「家族」から「学校まで」』シネ・フロント社、１９９３年）

熊取町というまちを「だんご屋」一家に例えれば、アトムという共同保育所が「寅」の役割を演じているのです。アトムは、「集い」という形で、人との出会い、まちの再発見の場を提供するまでになっているのです。

6．もう一人のアンを

内橋氏は、冒頭で紹介した『共生の大地』の最終項「よりよく生きることを支える社会」において、「ザ・スクール・オブ・グリーン・ゲイブルス」という、「赤毛のアン」にちなんで名付けられた岡山総合福祉専門学院とその経営を引き受けた福武総一郎・福武書店（現ベネッセコーポレーション）社長の志を紹介しています。

福武総一郎氏は、学校名を名付けるにあたって、プリンスエドワード・アイランド知事に「赤毛のアンのような、ほんとうに伸び伸びした女性、人間らしい人間が育つ学園に育てたいのです。どうか私たちが〝グリーン・ゲイブルス〟という名をマスコットネームに使うことをお認めください」といわれたといいます。

また福武氏は、学校経営を引き受けるに当たり「社会がほんとうに必要としていることに応えられる学校であれば、かならず困難にうちかつことができます。自分の学校のことばかり考えて、教育をリストラの場にしてはなりません」「教育というのは、子どもたちが未来に向かって生きる力を育むことです。教師とは20年後、30年後、一人ひとりの子どもたちが社会の第一線で生きていかなければならない時代に、いったいどのような社会になっているのか、イメージできる人のことをいうのではないでしょうか」と述べたと、内橋氏は紹介しています。

福武氏のいう学校を「保育所」に、教育を「保育」に、教師を「保母・保育者」に読みかえれば、アトムの志と福武氏の志は重なっているでしょう。

福武氏とベネッセコーポレーションは、これまでの保育所制度と保育需要のミスマッチを解決するひとつの試みとして「駅型保育所」を事業化しています。この事業もまた、福武氏の「赤毛のアン」に示される志を実現するものでしょうから、利便性のためだけではなく、子どもたちの「20年後、30年後」という「未来に向かって」のイメージを踏まえてのことでしょう。

内橋氏は、『共生の大地』の最後を、「日本と日本人はいま美しい自然のプリンスエドワード・アイランドと、そしてもうひとりの『赤毛のアン』を必要としている」ということばで締めくくっています。

アトムの志と実績は、いま必要とされる「もうひとりの『赤毛のアン』」といえないでしょうか。

この「もうひとりの『赤毛のアン』」が、生活を維持（「食えるボランティア」）できるためには、公的、私的な各種の形態のサポートが求められています。

第3章

対談

学生と大学、社会が輝くために

対談

学生と大学、社会が輝くために熱い気持ちを込めて――。

大学の自由、自由に対する感覚を大切にし、「国公私」超えた新たなベクトルづくりを

大東文化大学学長　太田 政男氏 &

和歌山大学学長　山本 健慈

太田学長と私は共に教育学、それも社会教育、生涯教育の学徒として大学院時代から何人かのお互いの仲間と一緒に東京と京都などを行き来し、「太田さん、ヤマケン」と呼び合いながら切磋琢磨してきた仲です。

以来ずっと、太田さんの高校生や地域についてのすぐれた研究と実践を見てきて、また共に学長としても共鳴し合ってきた太田さんへの感謝の念、さらに今日の大学を取り巻く環境のきびしさに対する挑戦の思いと、学生、大学人、もの思う市民へのメッセージを込めて、この本は太田さんとの対談で締めくくりたい、と考えたのです。

（2014年12月11日、東京・板橋区の大東文化大学学長室で収録）

学びは好奇心の発露

山本：今の学長は、一方では文部科学省や経済界から注文をつけられ、他方で学内の教職員に「外部に迎合するな」と叱られる日々です。私の場合は開き直って、〝浅学非才の人間が、なにを考え学長をやってきたか〟という記録をつくってやろうと（笑）。

いま大学の学問の自由が問われていますが、長年、社会教育学をやってきた立場からみると、さいたま市での「俳句事件」（注1）、あるいは元朝日新聞記者の大学講師の解約問題など、大学、報道機関、住民の学習というそれぞれ自由が尊重されるべきところで抑圧の動きが広がっているような感じがする。私が京都大学に入学したのは1967年、新入生歓迎記念講演会があった広い法経1番教室は学生であふれ、末川博さん（当時、立命館大学総長）が戦前の滝川事件（注2）のことを憤りながら昨日のことのように語っておられたのをいまでも鮮明に覚えています。

注1）さいたま市の公民館の「公民館だより」の2014年7月号に掲載予定だった、「梅雨空に『九条守れ』の女性デモ」と詠んだ市内の女性の俳句が発行直前に削除された。
注2）1933年、京都帝国大学で起きた滝川幸辰教授に対する思想弾圧事件。

太田：ぼくは大学に65年入学しましたが、その年、翌年の新入生歓迎会の実行委員になり、そのとき講師に呼んだのが羽仁五郎さん（歴史家。のちに著書『都市の論理』が大学紛争時、学生のバイブルともなった）でした。たしか会場は渋谷公会堂で満員でしたよ。羽仁さんは、市民の自由な議論が大切で、都市は「広場」を大切にしなければならないと話していました。

山本：当時は歴史の教訓を伝え聞こうと、自由というものに対する感覚をもっていましたね。いまでは例の俳句事件のように、市民が学んだものを自由に表現しようということに対する抑圧的な対応、これはある意味で教育委員会制度の改悪の先取りというか、そんな印象を受けます。

昨日（２０１４年12月10日）、特定秘密保護法が施行されましたが、前年に同法が公布された際、毎日新聞の取材を受けました。そこで私が言いたかったのは「学びは好奇心の発露であり、好奇心の行き着く先はわからない。特定秘密保護法の下では、若者は知ろうという意欲を委縮させ、社会の要請でもあるグローバルな人材育成を阻害する」と（毎日新聞、２０１３年12月31日付朝刊掲載）。その後、卒業式（14年3月25日）式辞（第１章１０４ページ掲載）で同法を批判したのも、その延長線上のことです。

太田：最近は、公民館など社会教育事業は首長部局に移管されたりしています。かつては埼玉県も社会教育のメッカといわれていたのですが、時代の空気を感じますね。特定秘密保護法など社会の自由の問題についての山本さんの卒業式の式辞は、ずいぶん勇気があると感心しました。

山本：私は中央教育審議会・生涯学習分科会に臨時委員として参加し、社会教育の首長部局への移管をめぐって議論していますし、官界、経済界の方ともお会いする機会も多いのですが、

太田 政男 (おおた・まさお) 氏
プロフィール

1946 年生まれ。長野県出身。76 年、東京大学大学院教育学研究科博士課程単位取得満期退学。同年、大東文化大学文学部教育学科専任講師。81 年、同助教授、87 年、同教授（現在に至る）
〈学内役職など〉2005 年 4 月～ 09 年 3 月、同文学部長(2 期)。10 年 10 月より同学長。
〈専門分野〉社会教育、生涯教育
〈学会・社会的活動など〉2001 年～ 03 年、日本教育学会常任理事。10 年より大学入試センター全国大学入学者選抜研究連絡協議会企画委員。
〈研究業績〉「中学生・高校生の発達と教育」（全 3 巻・岩波書店、共著）「子どもの癒しと学校」（「講座学校」第 4 巻・柏書房、共著）「思春期・青年期サポートガイド」（新科学出版社、共著）「若者の中の世界　世界の中の若者」（ふきのとう書房、単著）など。

山本 健慈（やまもと・けんじ）
プロフィール

1948年、山口県生まれ。77年、京都大学大学院教育学研究科（博士課程）単位取得退学。同年、和歌山大学教育学部助手となり、以降、講師、助教授、教授、生涯学習教育研究センター教授・センター長、評議員、副学長など一貫して和歌山大学で研究・教育活動を続け、2009年8月より同学長。

専門は社会教育・生涯教育。この間、自宅のある大阪府・熊取町で無認可のアトム保育所の運営で終始中心的役割を果たし、認可化に尽力。同保育所は現在、2つの保育園に発展、「子どもも大人も育つ保育園」として知られる。

『講座 主体形成の教育学』（著者他との編著、北樹出版）『大人が育つ保育園』（ひとなる書房）等著書・論文多数。


大抵の人は、いまの政治の動き、社会の反応は、「さすがにまずいんじゃないか」と感じているように思います。でも皆さん、表だって発言をしにくい雰囲気も感じていましたから、比較的発言の自由のある大学人として、いま私が言わなかったら誰が言う、というような気持ちでした。毎日新聞の記事についても、後日、文科省に出向いた折、「読みましたよ」という反応も結構あって、また卒業予定学生との意見交換の場で、「学び続けることの大切さを学んだこと。これが大学生活の一番の価値」と言われたこともあって、学長としてここで言わなきゃ、みたいな。

私が中教審の分科会で言ったのは、大学には多様な意見や見解があり、それが命である。地域が本当に元気になりエンパワメントされるためには、地域にも本来、多様な価値観があるわけだから、自由に学習して自由に発言し、その中から合意点を見いだしていくプロセスが大事であり、それを支えるのが社会教育行政の役割だと。

たとえば、東日本大震災後の原子力発電所に関する賛否でも見られるように、地域というのは価値観の対立のるつぼです。首長にとってひとつのイシュー（課題）ではあっても、首長のイシューが即地域住民のニーズというわけではない。だから、首長の政策やイシューに従属するようなかたちでの大学のコミットはできないと、中教審では繰り返し発言しました。ところが、俳句事件のように、あっという間に市民の自由のレベルまでに制限される事態が迫っている。それこそ大学が言わなかったら誰が言う、というような思いですね。

太田：戦前の滝川事件のように、昔は自由のために大学が最後まで闘った。ところが、いまは必ずしもそうではなくて、大学自体の自由というか、そこがじりじりと侵されてきているように感じます。高校の先生たちと話をしていても、大学のほうが大変でしょ、と言われたりします。「産学連携」についても我々の学生時代は産学協同反対が叫ばれていましたから、当時の時代感覚からいえばちょっと考えられないことですね。

もちろん、大学が社会に開かれることや社会との連携は必要です。LED（発光ダイオード）なんかはその典型例でしょう。ただ、問題はそのつながり方です。大学が企業社会の論理と全く同じだったり、あるいは自由度が奪われていくというような状況は避けなければいけない。以前なら、そんなときは必ず学長たちの声明が出されたりしたけれども、いまではなかなかそうはいきませんね。

好奇心が創造性を育てる

山本：学生が成長するプロセスをどうとらえるかということですね。好奇心や探究心というものは、それがいいとか悪いではなく学びの出発点だから、そこが否定されたり制約を受けたらどうなるか。ノーベル賞の研究者はみんな好奇心を貫いてきたわけですよ。それは自然科学も社会科学も同じです。好奇心を抑圧して人間の成長はない。その土台を支えるのが学問の自由であり、そうでなければグローバルな人材とか意欲的な人材を育てようという話はたんなるお題目に終わってしまう。

先日、和歌山大学へ企業関係者を招いてインターンシップの勉強会をやったのですが、和歌山市内には電子基板事業をメインとした従業員２５０人程度の先進的企業があり、カナダのブリティッシュコロンビア州から物理学専攻の学生が、長期研修にもう20年近くやってきている。社長さんが言うには、カナダにも日本の大手電機メーカーなどからプログラムがきているけれども、毎年わが社へ来ており、学生の評価も高いそうです。カナダの学生がどうして大都会ではない和歌山の小さな会社に来るのかというと、カナダの学生は田舎とか都会は関係なく、いろんな企業のメニューを見て、自分がやりたいことがやれる企業を選ぶ。大企業かどうかということは選択の価値基準にはないというのです。

太田：自分はこれがやりたいから日本へ行くということが主目的で、大手企業とか一流企業とかのレッテル意識はないのでしょうね。

山本：とにかく、その会社には人が育つという環境があり、それがカナダの若者の魅力なんですね。社長さんも個性的だし、若者が伸び伸びと仕事をしている。インターンシップといっても、研修先の企業に自由がなければ面白くない。日本でインターンシップ制度がなかなか機能しないのは、そこで働いている人間にとって魅力ある空間にはなっていないという面もあるからではないでしょうか。

太田：従業員の創造性が発揮されなければ企業も伸びていかない。上からの押し付け教育だけでは人材は育たないように。その一方で、世界トップクラスのトヨタの生産方式が世界的に注目されています。でも大学の評価や運営方法が、そういう市場原理やそれにもとづくマネジメント手法だけで行われていいのかどうか。

いま、アクティブラーニング（注3）とかＰＢＬ（Project-Based Learning＝課題解決型学習）といった教育手法が政策的に上から唱道されています。これらは、それ自体は大切で、我々が学生の主体的な学びを促すために主張してきたものです。

注3）アクティブラーニングに関して中教審の報告書（２０１２年8月28日）は「教員による一方的な講義形式の教育とは異なり、学修者の能動的な学修への参加を取り入れた教授・学習法の総称」と定義している。

学生の気持ちにどう火を付けるか

山本：太田さんは大東文化大学に勤務してもう40年近くになりますね。その間、学生に対する見方は変わりましたか。

太田：ぼくは学長になっても「研究」と「教育」は手放せないと思っているので、いまもゼミを

２つ担当しています。学生は学びたいという気持ちを持っているし、こちらから働きかけていけばすごい力を発揮する。ぼくは初めて大学へ来たころの卒業生はそろそろ定年を迎えますが、いろんな世界で活躍している姿を見るにつけ、学生時代の体験をなにがしか人生の糧としてくれているのではないかと思うとうれしくなりますね。

学生は全国47都道府県から来ていて、今年のアンケート調査では、入学理由については、もちろん本学の特色であるスポーツとか書道をめざして入学する学生もいますが、「他大学を落ちたから」という学生が全体の23％もいます。いわゆる「不本意入学」です。だから、そうした気持ちをどうやってひっくり返していくか。それが一番大きな課題であると同時に大学教育の役割でもあり、醍醐味でもあると思っています。

山本：うちの場合も高校３年の春～夏段階までは、和歌山大学志望者は少ないけど、受験が近づくにつれて志望者が増えてくる。その意味では「不本意入学」なんですね。でも、これは、今日の受験制度の下では仕方がない。むしろ学生を我々がどう受け止めるか、彼らの意欲をどう引き出すか、志に火をつけるか、これが一番重要なんだと、入試方法を変えるなど小手先の改革は意味がないと教職員で話し合ってきました。

私は毎年夏、「天城学長会議」（注４）に出ています。70大学を超える大学の学長が参加していますが、今年は入試制度改革がテーマでした。中教審会長の安西祐一郎さんも参加

されていて、学生の学習意欲が議論の焦点のひとつになった。元文科省高等教育局長の磯田文雄さん（現名古屋大学教授・アジアサテライトキャンパス学院長）が、認知心理学者の佐伯胖《ゆたか》さん（東京大学・青山学院大学名誉教授）の調査研究を引用して、日本では小中高と教育課程を積み上げれば積み上げるほど子どもたちの学習意欲がなくなっていくのは学問的に実証されているので、そんなことを大学が嘆いても仕様がないときっぱり言っていました。学長って、学生が大学入学まで、どのような教育の過程を経ているかの認識があまりないものです。

　私は、入学後はまず学生のリハビリをしなくてはいけないと考えています。初めから和歌山大学へ行こうと決めてマイペースで中高時代を過ごし、入試にも適当に付き合って余力を残しながら入学した学生は、やりたいこともはっきりしている。しかし、不本意ながら和歌山へ都落ちした気分でやって来る学生もいる。後者の学生に対して、彼らが本来もっているはずの好奇心とか志みたいなものにいかに火を付けるか、それが大学教員のまず出発点なんだという思いがあって、教育学者なものですから、学長就任以後強調してきました。

注４）１９８３年より毎年夏、全国の大学の学長有志が伊豆・天城で一堂に会し、国公私の枠を超えて高等教育と大学のあり方を自由に議論している。

太田：山本さんが発信するメッセージを見ていると、教育学者出身の学長らしいなと感心します。たとえばＦＤ（Faculty Development）活動（注５）に対する取り組みなどがそうです。うちの大学でもＦＤ委員会を設けて活動していますが、すべての教員が燃えるように参加するようにはまだつくり出せていません。

注５）大学教育の質的な向上などを目的とした活動。狭義では一般に授業改善のための優れた教授法の普及活動を指す。

山本：学長に就任したとき、学部長たちに、大学の経営の会議でも学生のことを中心に議論しようと提案しました。学生の休・退学や不祥事などの問題が重要だと。いや、学生の問題というより、研究の条件だとかが重要だという反発も出るのではないかと危惧していたのですが、各学部長もそのとおりだと同意してくれました。というのは、みんなが、それぞれに学生に関するトラブルを抱えていたんです。ただそれまでは、「困ったことだね」とエピソードに終わっていたり、学部レベルでの処理に終わっていて、大学の基本問題だという認識になっていなかった。実態を調べてみると、パワハラ、アカハラ事件みたいなことがいろいろ上がってきた。原因を調べたら、学生、教員の双方に〈うまく付き合えない〉という問題が、両者の衝突として表面化し、パワハラの訴えのような形で上がってくる。つまり、教員を処分しただけでは済まないようなケースが多いんです。それが事件として処分で終わってしまうと、全体として教訓化されない。そこでそれらを類型化し、教員全員参加で検討したのですが、学部を超えたグループディスカッションという意味でも大いに意義がありました。

太田：学内の会議で学生の話や教育の話が出るのはいいことですね。私学の場合、退学者の割合は大体3％が平均で、うちも大体それぐらいなんですが、退学の問題についてはチームをつくり、検討結果を報告してもらっています。

教職員有志に参加してもらって「学長と語る会」を開いたことがあります。そこでも話題になったのは学生の教育のことでした。学力に問題がある学生をどうすればいいのかということで、有志の先生が、スポーツの「朝練」にならって「朝勉」、英語や数学を教えようということになった。すると、学生の間でもすごく評判がいいんです。理解できるということは楽しさにもつながるんですね。たしかに一方で、大学がそんな補習をやっていていいのかという議論もありますが、それはそれで貴重な取り組みだと思います。

大学入学以前の問題をどうするか

山本：私が学長になったのは２００９年８月でした。前年のリーマン・ショックの余波が続いていて、国立は前期・後期で授業料や休・退学の決裁をするのですが、09年９月末に初めて休・退学の決裁書類を見たのです。どのくらいの数があるかは知っていたけれども、理由をみると精神疾患とか経済的困窮という項目にチェックがあって、それで決裁しろということだったので、これではいけないと思って、すぐに個別の面接調査などの手続きを加えました。

その結果、印象的だったことは、1つは、北海道とか鹿児島など遠方から来た学生がうつ状態になり、勉強する意欲がないという事例でした。非常にショックでしたね。学内には保健センターがあって、ひきこもりやうつ病に造詣が深い精神科のドクターが支援して成果をあげているのですが、まだまだ手が届かないケースがたくさんあるのです。

2つは、リーマン・ショックのせいか経済的困窮のエピソードがいろいろあって、父が解雇されたとか両親が病気で働けないとか、自分が一家の柱みたいな学生もいるんです。そういう情報はやはり学内で共有する必要がある。

そして3つは、大学入学試験を突破することを目標に、無理を重ねてきていて、入学したけれども、人生の志もなければ学ぶ意欲もない、未来へのエネルギーもないという学生がいることです。こうした事例などはむしろ大学入学以前の問題で、高校の校長会や県の教育委員会にフィードバックし、いっしょに考えるということが必要だと思いました。

学生の問題というのは、根本的な部分では、高校も含めてそれまでの教育の過程も視野において考えていく必要がある。高校サイドで言えば、やはり親や地域から圧力があり、どうしても「いい大学」への進学数を上げることに懸命にならざるをえない。そこを崩すためには、高校段階からの教育課程に大学も一定関与し、彼らが育っていく過程をともに創り、ともに評価していく。その結果として大学はＡＯ入試なり、推薦という形で受け入れていく、そんな高校と大学の連携を作っていく必要がある。中教審の会長で高大接続特別部会長でもあり、入試改革の旗振り役の安西祐一郎さん（元慶応義塾塾長）に、この話をしたら、「地域レベルで、そんなふうにすすんでくれることで、改革の本旨が実現する」という言い方をしておられました。

太田：たとえば指定校制度は偏差値だけではなくて、職業高校とかユニークな教育実践をしている私学、あるいは定時制も視野に入れてもいいと思います。しかし、私学はとにかく学生数の確保、高校は進学者数を増やすのが目標になっているので、双方の信頼関係を築くことがなかなかむずかしいのが現状ですね。

学生・親とのトラブルを恐れるな

山本：私の考えを高校側に伝えると、これまでは「そんなこといわれても、なかなか」という感じで迷惑そうでしたね。それだけに、問題を抱えて入学している学生を代弁しておれは言っているんだ、という気合を込めないとなかなか言えません。本来なら、保育所・幼稚園から小中高の先生を全部集めて、大学までの育ちの過程の研究集会をやりたいと思っているくらいです。

そのことは職員もすごく感じているみたいです。事務職員と時々、事務サイドから見えている課題を聞き取るミーティングをやっていますが、学生対応カウンターの体験話を聞くと、親が「うちの子に友だちをつくってやってください」と職員に頼んだり、学生同士のけんかに親が介入して係争沙汰になって、そのとばっちりで職員が訴えられたり、奨学金の手続きを親が聞きにきて全部書類を書いたり、こんなことがあるのかとびっくりしたのは、親が受験申込書を書いために本人の選択にない受験科目となっていて、受験当日トラブルになったり…と、そんなあきれるようなエピソードはきりがない。

入学式には親が新入生の半分以上は出席していて、本人より熱心に話を聞いている様子なので、昨年の式辞からは、親へのメッセージを届けることを強く意識しています。今年は「皆さんの子どもさんの学力程度は判定しましたが、人間としての成熟度までは判定しません。そのへんは親子で語り合ってほしい」と言ったのです。それから2カ月ぐらいたち、学生支援の職員が決裁書類を持ってきたので聞いてみたら、今年は親がほとんど来なかったそうです（笑）。

太田：我々も毎年、入学式や卒業式で親の席をどのくらい確保するかが大きな関心事になります。うちの場合は「父母会」があって、最初は大学なのにＰＴＡみたいな組織があるなんてと不思議に思ったのですが、いまではむしろよかったなと思っています。

その父母会には県ごとに支部もあって、毎年夏、教職員が分担して各支部に出かけて行き、個別面談をやっています。そこでは大学に対していろんな意見が出て、学生がキャリアセンターの職員が怖くて行けないとか、それこそ幼稚園、小学校みたいな話もあります。でも、大学側としては誠実に対応していく。ぼくの見解や回答も含めてそれらを冊子にまとめていて、親にとってもよい学習の機会になっているようです。

それから親はスポーツの応援にも力を入れてくれます。それも選手の父母だけに限らない。箱根駅伝では、どこに旗を立てればテレビに映るとか、みんなよく知っていて、大学になり代わって全部やってくれる。子どもより親のほうが大学のファンではないかと思うほどです。もともと子どもの教育は、親が第一次的な責任を持ち、そして学校に信託するということですが、それは大学生になっても教育の基本ではないかと思います。

山本：私は保育所の運営にも長年かかわっていて、大人が育つ保育園、つまり子どもをもった大人が、親となっていくための訓練・学習をどうしてもらうかと、保育園の経営方針にしてきました。不安いっぱいの親は、子育て初期はさまざまなトラブルを抱えるのですが、それにちゃんと向き合っていけば、やがて親も成長していく。そんな体験があるから大学生やその親を見ていると、小中高段階で親子として育ちの支援をきちんとやってくれよ、と言いたくなってしまいます。

和歌山大学でも年1回、保護者っていうのもしっくりしないのですが、「保証人」の方々に呼び掛けて「教育懇談会」を開いており、なかには私の話が楽しみだと毎回顔を出すリピーターの親もいます（笑）。そこでは個別相談もやっていて、そうしたコミュニケーションを通じて親も成長する。それは本当に重要なことだと思っています。

太田：親が子どもの成長を見て、大学に対する信頼を高めるということがありますね。

　昨年、学内に学生支援センターを設置しました。東北出身の学生が結構多く、東日本大震災の被災地域の出身者が1割ぐらいいて、その中の1割が実際に被災しているんです。それを機に授業料を免除するなどの支援のしくみをつくりました。今は自然災害や親のリストラなど家計急変についても支援しようというようにしています。これは学生集めの戦略でもあるのだけれど、一定の成績点数を条件に経済的に厳しい学生を受け入れようとか、そういうことを始めています。

　それから障害者の受け入れ体制も進めているのですが、これは障害をもっている学生のためというだけでなく、他の学生にも教育的に意味があります。卒業式で聴覚障害の学生のために手話をやっているわが子の姿を見て、親御さんがすっかり感動したという話もあります。

山本：私がいつも職員に言っているのは、学生と接しているといろいろトラブルも起きるだろう。

しかし、失敗を恐れるな。親に苦情を言われても恐れるな。それがエスカレートして裁判沙汰になったら、私が全部引き受けるから、親から理不尽な苦情があれば、恐れず言いたいことを言え、と。

アメリカではモンスターペアレントならぬヘリコプターペアレント、子どもの周りを回っていて、何か問題があれば急降下してきて親が出てくるという。けれども、トラブルを恐れてはいけない。言ってみれば、大学が最後の砦なんですよ。学生が就職したら親は会社へ文句を言いに行くわけにはいきませんから。おかしいことはおかしいとはっきり言わなければ、親としても成長するチャンスを失うんだよという話ですね。

こんな経験の積み上げもあってか、学生対応を議論しているときに、担当課長が、「親の人生の背景も理解して対応することが必要だ」と若い職員に言うようになっています。

スポーツが結ぶコミュニティ

山本：ところで大東文化大学の場合、駅伝とかラグビーとか有名ですが、カレッジスポーツの意味をどうとらえていますか。

太田：駅伝とラグビーが伝統的に強いのですが、オリンピック出場はレスリングが一番多い。入学にはスポーツ推薦の制度もあります。それにスポーツ出身者は一般に就職がいいんです。頑張り屋だし、根性はあるし、しかも文句は言わない。そういう意味では、企業にとって使いやすいという面があるかもしれません。特に有力選手は一流企業へ行きます。勉強よりスポーツ一辺倒でやってきたから就職後は大丈夫かというと、結構頑張っていて、いまは部長など管理職を務めている。スポーツ活動を通して人間関係のトレーニングを受けていることがプラスに働いているようです。専門的な実務は体験を積めば身についていきますからね。

山本：うちはヨット部が伝統あり、最近は硬式野球も強くなっている。１９５０～60年代は、大学数が少ないので学生選手権大会でも国立大学が優勝を争ったりしていて、当時の先輩がまだまだ元気なわけです。そのＯＢたちは、現役学生が不甲斐ないようで、ＯＢ会長いわく我々は金も出すけど口も出すという。ヨットの新艇は何百万円もします。大学にそんなお金はないから、ＯＢ会が資金を集めて寄付してくれるんです。今年も新艇（４７０級）を寄付してもらいました。ＯＢたちはさらに毎年インターハイ（全国高校総合体育大会）にも出かけて行き、ヨット部の高校生に和歌山大学の入学案内を配って入学の勧誘もしてくれるんです。

　また、岩手県宮古市から来てヨット部に入った女子学生がいたのですが、聞けば、ＯＢは、出身高校の先生と一緒に4年間、彼女がヨットを通して成長していくのを支えてきた。彼女は卒業後、地元の市役所に就職していまは後輩を育てています。

太田：ヨットが結ぶコミュニティということですね。スポーツの場合は特にそういう絆を強く感じます。

山本：どちらかといえば私学は一家意識が強いのに比べ、国立は卒業したらしっぱなしで、同

窓会にも行ったことがないみたいなケースが多いけれども、体育会系だけでなく文化芸術系のクラブも、ＯＢ・ＯＧの結合をみると一種の大学コミュニティを感じさせますね。その意味で同窓会のような組織は、「無縁社会」といわれる時代、必要とされるような気がします。

学長に求められるもの

山本：さて、学長の資質についてはどうお考えですか。

太田：よく学長の資質で大事なのは何かというアンケート調査がありますす

けど、ぼくはいつも「教育」と「研究」に○をつけるんです。かつて学長はシンボルとしてのイメージが強かったのですが、いまは行政能力も求められていますね。

山本：実際に学長をやってみて感じたのは、シンボル性とメッセージ性ですかね。自らは哲学の貧困を感じつつも信念を持って引っ張っていく、それがシンボル性でしょうか。とにかく確信を持って発言する。そうしないとトップとしての責任が果たせませんから。

　私は学長になるとき、型どおり「浅学非才にもかかわらず…」と口上を述べましたが、まさにそれを痛感する日々でした。それでも何とか務まったのは、一つは私が教育学者で、大学は教育を重視しなければいけないという時代だったこと。もう一つは、しかも専門が「生涯学習」であり、それはいろんな学問を大事にして市民の学習にどう生かすかというスタンスだったので、どんな学問に対してもニュートラルで、リスペクトできる。言い換えれば、学長にはバランス感覚が必要だし、そういう意味で私は救われたかなと思っています。

　とかく自分の専門にバイアスがかかって、それが大学のすべてかのようなメッセージを発信する学長もいますが、大事なのは学生にきちんと目を向けること、さまざまな研究分野にニュートラルにリスペクトできるという資質と姿勢だと考えています。

太田：昔、教育学というのは「学問の婢《はしため》」と言われました。諸学の婢、あるいは雑学だとか応用学だとか。なかでも社会教育学は雑学的な要素が多い。同時に、教育学は広く他の学問分野への関心を払っていなければならなかった。だから、「総合的人間学」とも言える。「婢」ではなく、「主」と言いたい。そうした一面が大学運営でも大事になってくるということはありますね。

「国公私」を超えた議論を

山本：私が学長に就任した当時、各国立大学は法人化第1期で、多くの学長が、競争に勝ち残るんだみたいな、前のめりの姿勢にあふれていました。私学の厳しい話も出ましたが、現在の高等教育政策は、トータルデザインがないまま、それぞれの事業者が自由に競争して勝ち残ったところにお任せします、という姿勢しか感じられません。歴史を振り返ると、日本の高等教育の拡大は理系については国が力を入れたけれども、量の面では私学に依存してきた。つまり、政治と私学経営の思惑が一致したところで膨らんできた。

そしていま財政がひっ迫して、財務省などのシナリオをみると、国立大学は国家的（かつ産業界主流？）に必要なところに限定し、あとは保護者の家計負担で賄う私学に依存するようなかたちになっています。加えて、高等教育をどうするかという観点から国公私が合同で議論する場も全くない。政策的にも放棄しているとしか言いようがありません。

実は２０１５年３月３日、私の退任記念のシンポジウムを計画しているんですよ。ゲストは先の磯田文雄さん、立命館大学総長の川口清史さん（２０１４年12月末退任）、公立大学は私の大学の後輩で京都府立大学学長の築山崇さんを予定していて、私を含めて国公私と行政経験者の磯田さんを交えて、ディスカッションをやります。そこでは高等教育のトータルデザインを描くためには何が必要か、これまで無責任に放置されてきたものは何か、あぶり出せれば、そんな議論ができればいいかなと思っています（笑）。

太田：私学振興助成法が１９７６年に施行され、経常的経費に対する補助割合はピーク時（１９８０年）には29・５％ありましたが、その後は減る一方で、いまでは私学全体で10％を割っています。収入の８割以上は学生の納付金で、あとは補助金、財政運用や寄付金というのが実情です。しかも私大の数は過去20余年間に６割も増えている（注６）。そうなると、私学は生き残り策としてどうしても個別化していかざるを得ません。

さらに文科省は、都市部にある私学の定員超過の抑制策を検討し始めました。地方の大学を中心にほぼ2校に1校が定員割れとなり、放置できなくなった。だからこそ大学同士がつながるというか、共通の課題について討論する場があってもいいのですが、各大学ではまず個別の経営的な発想が先に立ちますからね。

また、この大学は「研究大学」、この大学は「教育大学」という種別化はおかしなことで、大学の本質ということからいえば研究と教育の両方を大切にすべきです。教育の改革を通して研究活動も深めていくという、これまでとは違ったベクトルで大学づくりを進めていかなければいけないと思っています。本学はもちろん教育を重視し、「教育の大東」を謳っています。そして、大学は市民の生活レベルからの要請にも応えていく。そういう意味でも、教育と研究の一体化という理念は大事だと思っています。

注6）私立大学数（文科省「学校基礎調査」）は1990年372校、2014年603校。

山本：国公私学を含めて大学経営が大きく依存する補助金等が、政策誘導的また競争的に決定されていく現在、高等教育政策に対して現役の学長は、なにか注文を付けることはきわめて困難です。だから私は、現役学長の苦悩をもっともよく知る学長をリタイアしたもので「学長シニアの会」をつくり、発言していくことが必要じゃないかと思うのです。

私は、文科省副大臣時代からよく知る鈴木寛・東京大学・慶應義塾大学教授（現文科省参与・文科大臣補佐官）や安西祐一郎さんに話してみました。鈴木さんは「私も一役買うよ」と賛同してくれましたし、安西さんも「私学を含めて考えてみたいね」と言っておられました。学長の痛みをよく知っている人が引き続き、当事者意識を持って発言していくというということが重要で、私もこれから6年間経験したことを何かのかたちで生かしていきたい。言ってみれば、大学を持続的に発展させていく新しい社会運動みたいな、そんな組織が必要な気がします。

太田：ほんとうにそうですね。大学が横につながり、社会全体の知的探求の営み、広い意味での学問活動ともっと結びつけるといいですね。

山本：今日、学術的に探究しなければならないことがますます多くなって、どの機関がどのようにやるのか、そしてそれは大学だけでいいのかという問題もある。それだけに特定の圧力などに動かされるのではなく、大学改革は社会全体のいろんな議論が集約されるかたちで進めていく必要がありますね。

太田さんとお話しでき、整理されたり、改めて見えたことが多々ありました。それを糧に、もうひとがんばりしたいと思います。ありがとうございました。

学則不固

あとがき

この稿を書いている1月中旬、国立大学に対する第3期中期目標・計画期間中6年間（2016年4月2022年3月まで）の運営交付金の配分の在り方をめぐって首相官邸・財務省・経済産業省や中央財界（あえて地方の経済界を除く）主導の枠組み作りが進んでいる。文部科学省も国立大学協会も懸命に学術・高等教育の立場から対応しているが、近年の多くの政策決定過程にみられるように、関係省庁とそれに深い関係をもつ一部有識者の議論によって事実上決着され、「国民的議論」はおろか、政治の場での成熟した議論さえないままに、結論が出されることを恐れる。

現在の枠組みが実現するならば、誤解をおそれずに言えば、早晩地方国立大学は壊死し、ひいては日本の高等教育システム全体が崩壊に至ると思う。

私は財務省、経産省等の示す大学改革の方向にも「根拠」のあることを否定しない。しかし学術・高等教育の発展を担ってきた立場からは、別の主張があって当然である。

私が望むことは、これらまったく対立的な立場から出された論点への意見交換が、「国民的議論」として行われ、さらにはそれを踏まえ政治の場での成熟した議論を経て制度設計が行われることである。

現在の国立大学法人の経営は、外部有識者をまじえて経営協議会が担っているが、和歌山大学経営協議会の外部有識者（元大学長、和歌山経済界代表、元県庁部長、弁護士など5氏）が、現在の議論の在り方を危惧し、声明「地方国立大学に対する予算の充実を求める声明―第3期中期目標期間に向けて―」（1月6日付・和歌山大学ホームページ参照）を公表されたのも、個別大学経営に参画しているものの発言に耳を傾けるべきだという主張である。

本学同様、有馬朗人・元文部科学大臣・元東京大学学長を含む山形大学経営協議会外部委員も同趣旨の声明を公表され、今後も数大学から同様の動きが予定されている。これらの動きをふまえ、とくに地方の政治、経済、教育、文化等の各界の参加による「国民的議論」が展開されるならば、国立大学および高等教育の未来にとどまらず、まさに「地方創生」の方途を示すことにもなるであろう。本書の出版が、この「国民的議論」に資することを切に願う。

さて私は、本年3月末をもって学長を退任し、同時に38年間に及ぶ和歌山大学生活を終える。京都大学入学以来でいえば、48年間、大学という舞台で多くの方に出会い、学び、励まされてきた。また学長職にあっては、文部科学省など中央省庁、和歌山県をはじめとする自治体、経済界、市民団体関係者のお世話になってきた。深い謝意を表したい。

私の大学経営の核となる人間観、教育観、組織論は、学究の果てに到達したものというより、本書第2章で詳しく紹介した無認可保育所・アトム共同保育所での経験から得たものである。この保育所は、私の子どもを縁にであったものであるが、まさに子どもだけではなく、私をも育ててくれたわけである。その意味で、私の関係する10年前からこの保育所を支えてきた市原悟子さん（現社会福祉法人アトム共同福祉会理事長）をはじめ、この27年間にであった子ども、保護者、職員の皆さん、熊取町の関係者にも謝意を表したいと思う。


学長時代に執筆した原稿は、ほとんどすべて秘書の田中千景さんの最終のチェックを経て完成されている。私の学長業務は、彼女の支えなくしては遂行できなかったのであり、深く感謝を表したい。また急遽思い立った出版の企画を受け止め、対談相手を引き受けてくださった太田政男・大東文化大学長、発行を引き受けてくださった高文研と編集の実務を担っていただいた友人、トロント社長の福士義彦さんと同社の皆さんにも謝意を捧げたい。

なお、この本の企画にあたり、どういう書名がいいか、本学広報室のスタッフ（学生を含め）に、草稿等を示しアイデアを求めた。長く私のメッセーにを付き合ってきた彼らが提案したタイトルは、「18年間の呪縛からの解放」「大学は自分になる場所・あなたの人生を取り戻す場所」などであった。
私は、彼らが、「和歌山大学は、生涯あなたの人生を応援します」に込めたメッセージを正面から受け止めていたことがうれしかった。その意味で、この本を、彼ら学生、未来の学生に捧げたい。そして彼らの生涯の応援の書になることを願っている。

２０１５年１月吉日

山本　健慈

山本 健慈（やまもと・けんじ）プロフィール
1948 年、山口県生まれ。77 年、京都大学大学院教育学研究科（博士課程）単位取得退学。同年、和歌山大学教育学部助手となり、以降、講師、助教授、教授、生涯学習教育研究センター教授・センター長、評議員、副学長など一貫して和歌山大学で研究・教育活動を続け、2009 年 8 月より同学長。
専門は社会教育・生涯教育。この間、自宅のある大阪府・熊取町で無認可のアトム保育所の運営で終始中心的役割を果たし、認可化に尽力。同保育所は現在、２つの保育園に発展、「子どもも大人も育つ保育園」として知られる。
『講座 主体形成の教育学』（著者他との編著、北樹出版）『大人が育つ保育園』（ひとなる書房）等著書・論文多数。

和歌山大学
大阪との府県境に近い和歌山市北部の同市栄谷 930 の本部キャンパスに、教育学部・経済学部・システム工学部・観光学部の４学部を持つ。４学部学生 4,089 名のほか大学院 530 名、特別支援教育特別専攻科６名など合計 4,686 名が在籍、これに対する教職員は 552 名（2014 年５月１日現在）。海抜 60 mの高台にあるキャンパスからは天気のよい日には淡路島や四国が望める。

地方国立大学
一学長の約束と挑戦
和歌山大学が学生、卒業生、地域への
「生涯応援宣言」をした理由《わけ》

二〇一五年三月一日――――第1刷発行
編著者／山本 健慈
発行所／株式会社 高文研
東京都千代田区猿楽町二―一―八
三恵ビル（〒一〇一―〇〇六四）
電話 03―3295―3415
http://www.koubunken.ne.jp
印刷・製本／三省堂印刷株式会社
★万一、乱丁・落丁があったときは、送料当方負担でお取りかえいたします。
ISBN978-4-87498-561-8 C0037

◈教師のしごと・より豊かな実践をめざして◈

自閉症スペクトラム障害の子どもへの発達援助と学級づくり
楠凡之著　1,800円
発達段階に即してその特徴を追いつつ、どんな援助が必要なのか、学級づくりでの留意点は何か、実践例を引きつつ検証。

発達障がい
●こんなとき、こんな対応を
成沢真介著　1,300円
特別支援学級での長年の体験から、様々な場面での事例を基に、困った時の対応・関わり方を4コママンガと共に伝える!

子どもの荒れにどう向き合うか
杉田雄二〔解説〕折出健二　1,200円
再び〝荒れ〟が全国の中学を襲っている。荒れる子らにどう向き合えばよいか。一教師の嵐の一年と挫折・失踪からの生還。

子どものトラブルをどう解きほぐすか
宮崎久雄著　1,600円
パニックを起こす子どもの感情のもつれ、人間関係のもつれを深い洞察力で鮮やかに解きほぐし、自立へといざなう12の実践。

〝遊び心〟で明るい学級 学級担任「10」のわざ
齋藤修著　1,400円
子どものほめ方にも、四つの段階があります。注意も怒鳴らなくていい方法があります。若い世代に伝えたい「10」のわざ!

はじめて学級担任になるあなたへ
野口美代子著　1,200円
新学期、はじめの1週間で何をしたら?問題を抱えた子には?　もし学級崩壊したら…ベテラン教師がその技を一挙公開!

1年生の担任になったら
新居琴著　1,500円
子どもの荒れはヘルプのサイン!　工夫がいっぱい、アイデアがいっぱい。どの子も安心して過ごせる学級の秘密を公開。

のんちゃん先生の楽しい学級づくり
野口美代子著　1,300円
着任式は手品で登場、教室はちょっぴり変わった「コの字型」。子どもたちの笑顔がはじける学級作りのアイデアを満載。

ねぇ!聞かせて、パニックのわけを
●発達障害の子どもがいる教室から
篠崎純子・村瀬ゆい著　1,500円
発達障害の子の困り感に寄り添い、ユニークなアイデアと工夫で、子どもたちの発達をうながしていった実践体験記録!

がちゃがちゃクラスをガラーッと変える
篠崎純子・溝部清彦著　1,300円
教室に書かれた「〇〇、死ね」の文字。寂しさゆえに荒れる子ども。そんな時教師は?学級づくりの知恵と技が詰まった本。

学級崩壊
●荒れる子どもは何を求めているのか
吉益敏文・山﨑隆夫他著　1,400円
「死ね」「教師やめろ」の子どもの罵声。教師の苦悩の記録を基に、子どもの荒れの背景に迫り、学級立て直しの道を探る。

保護者と仲よくする5つの秘訣
今関和子著　1,400円
なぜ保護者とのトラブルが起きるのか?その原因をさぐり、親と教師が手をつないで子育ての共同者になる道を探る!